はいてわ

まりこふん・著

はじめに

私の中ではいつでも古墳が中心にあって、その付属品としてしか見ていなかったのが、今回のテーマ〝はにわ（埴輪）〟です。

はにわというと、あのノベ～っとした顔が特徴の、人の形をしたゆる～いやきもの……というのが一番の印象でしょう。私自身も、はにわといえばそんなイメージでした。

今でも「はにわと土偶ってなにが違うの？」とよく質問されますが、まさに私もそのレベル。

ただ、なんだか、はにわは土偶よりも適当につくられている感じで、表情もなんとなくマヌケな雰囲気をかもし出していて、不思議というよりは「かわいいなぁ」というようなイメージ。

でも、古墳に興味を持ち、古墳をめぐっていく中で訪れた博物館で、はにわが古墳に置かれていたモノで、古墳が生まれなかったらはにわは生まれなかったという事実を知り、とてもビックリしました。

また、しっかり整備されて公園になっている古墳の中には、複製のはにわが実際に置かれているところもあり、「はにわって、こんなにも古墳と密接な関係だったんだぁ！」と知ることができました。

そしてそして、一番驚いたのは、あのノベ〜っとした顔のはにわだけじゃなくて、もっとさまざまな種類のはにわがあって、地域や古墳によって全然特徴が違うものだということ。しかも、一基の古墳に対して、ものすごい数のはにわがつくられていたりする……「はにわ職人」という職業も、あったに違いない！

いつも、古墳を中心に見てきたけれど、さらに深く古墳を知るためにも、今回は〝はにわ〟に注目してみたいと思います。

難しいことはなんにも考えず、はにわに注目し、向き合ってみて、初めて見えてくることもあるかもしれません。

この本で「はにわのキモチになってみる」＝「はにキモ」を、読書のみなさんと一緒にやっていけたら嬉しいです！

さぁ、準備はいいですか？

頭を空っぽにしてくださいよ〜!?

レッツ！　はにキモワールド〜〜!!

もくじ

はじめに …… 2
はにわといえば、はに丸くん！
『おーい！ はに丸』放送作家・雁田昇さんインタビュー …… 6
はにわって、なに？ …… 10
この本の見方 …… 12

第1章　ほら、はにわっていいでしょ？
ウキワクはにわ …… 16
イカハサミはにわ …… 18
かっこつけはにわ …… 20
トップ・オブ・ザ・家来はにわ …… 22
OLはにわ …… 24
首だけセレブはにわ …… 26
ミスはにわ …… 30
中間管理職はにわ …… 32
世界名作劇場はにわ …… 34
琴プロはにわ …… 36
腕太チェッカーはにわ …… 38

第2章　たのしき、はにわの世界
イヤミはにわ …… 42
はまじのはにわ …… 44
袋とじはにわ …… 46
裏ビデオはにわ …… 48
ウォーズマンはにわ …… 50
最強はにわ …… 52
チェブラーシカはにわ …… 54
歌舞伎はにわ …… 56
お母さんはにわ …… 60
アマゾネスママはにわ …… 62
トップ・オブ・ザ・ぼんやりはにわ …… 64
こけしはにわ …… 66

笑いすぎはにわ……68
二重人格はにわ……70
志村力士はにわ……72

第3章　はにわの動物園
美少年系鹿はにわ……78
ドラマティック鹿はにわ……80
癒し鹿はにわ……82
セレブカーはにわ……84
危険な乗馬はにわ……86
シンプル子馬はにわ……88
お化け犬はにわ……90
猪狩り物語はにわ……92
瞬間鵜はにわ……94
飛べないムササビはにわ……96

第4章　まだまだはにわ
男性器はにわ……100
エリンギはにわ……102
ラブリー家はにわ……104
マジカル家はにわ……106
プラモデルはにわ……110
自己満はにわ……112
チューはにわ……114
ハンサム靫はにわ……116
一瞬なにかわからないはにわ……118
ザ・ロック……120
ラッキー木鳥……122

第5章　もっとはにわを
はにわの殿堂を訪ねて　墳活 in 東京国立博物館……124
はにわを買おう……134
はにわに会いに行こう
はにわに出会えるミュージアム……138
おわりに……142

はにわと
いえば、
はに丸くん！

『おーい！ はに丸』放送作家
雁田昇《かりたのぼる》さんインタビュー

「はにわといえば、はに丸くん！」

そんなイメージをお持ちの方は、多いのではないでしょうか。

昭和58年4月にスタートしたＮＨＫ教育の人気番組『おーい！ はに丸』は、６年間という放送期間が意外に短く感じられるほど、当時の子どもたちに鮮烈な印象を残しました。そんな「はに丸」「ひんべえ」たちの物語を紡いだ放送作家のひとり・雁田昇さんに製作秘話をうかがいました。

（聞き手：まりこふん、構成：編集部）

はに丸くんの生まれた頃

——役者としてキャリアをスタートされ、演じるお仕事と並行してテレビやラジオ番組の放送作家をされていた雁田さんですが、どのような経緯で『おーい！はに丸』にかかわることになったのですか？

雁田　放送作家をやっていた朝比奈さん（あさひ7オユキ氏＝劇団「時々自動」主宰）から一緒にやらないかと誘われて、参加することになりました。

——当初から、はにわが主人公だということは決まっていましたか？

雁田　それが、ほとんど何も決まっていなくて。「3歳児にことばを教える番組」だということと、着ぐるみを出したいのだけれど、今までのモシャモシャした感じじゃない着ぐるみがいいかなっていうくらい。それで、作家をやる朝比奈さん、それから三枝さん（故・三枝睦明氏）と僕と、みんなでアイデアを持ち寄ろうかっていうことになったんです。

——この時点では、はにわの要素は影も形もないですね。それがなぜ、はにわに？

雁田　家に帰って、小学校の低学年だった息子の教科書をなにげなくめくっていたら、はにわが載っていたんです。はにわの表面がモシャモシャした感じじゃなくて、「つるつるじゃん」と思って、案をつくりました。

——教科書に載っていたはにわは、どんなはにわでしたか？

雁田　どうだったろう……割とかわいかったな。はにまるくんのようなはにわで……よく覚えていないですね。

——はに丸くんやひんべえの名前も、そのときに？

雁田　ええ。はにわだからはに丸で、口ぐせは「はにゃ」。家来の馬もつけてあげて、馬だから「ヒヒーン！」でひんべえ。この3点セットを、企画会議に持っていきました。

はに丸くんのメイキング・あれこれ

——企画会議ではどうでしたか？

雁田　「おっ、いいね」って、すんなり決まった覚えがあります。そのあと、みんなで番組名を考えました。「エコノミック・アニマル」をもじって「エコノミック・ハニマル」なんていう強烈な案もありましたが（笑）。結局は、『お、い、雲！』（石原慎太郎の小説）

をもじって『おーい！　はに丸』に決まりました。

――はに丸くんのデザインは、雁田さんが考えられたのですか？

雁田　いやいや、デザインしたのは僕じゃなくって、ちゃんとしたデザイナーさんです。上がってきたものを見て、みんな「かわいいね、いいね」って、大満足でした。

――脚本は、朝比奈さん、三枝さんと雁田さんのお三方で。

雁田　ええ、ずっと3人で、持ちまわりで担当しました。でも、3人とも性格が全然違うから、じつは、はに丸たちの性格も担当した回によってブレがあるんです。泣き虫のはに丸は、あの人の書いたはに丸だな、とかね。よーく観ていただければ、誰が書いた脚本かわかると思いますよ。

――脚本家の個性に関して、なにかエピソードはありますか？

雁田　三枝さんは、脚本の中で「そんなこと言ってると、お嫁に行けないよ」なんていう言い回しを使っていたんですけど、僕は「いまどき、そんなセリフを使ってだいじょうぶかな？」って、びっくりしていました。

――特に印象深い回はありますか？

雁田　そうだな……「はじまるおわる」という回（1983年10月5日放映）で、番組のはじめに「おーい、はじまるよ」と言うんです。すると、はに丸が「呼んだ？」と登場。「はじまる」を「はに丸」と勘違いして、出てきてしまったんですね（笑）

――かわいいですね。

雁田　あとは、「きれい きたない」という回（1984年1月18日放映）。おじさんが、部屋をきれいにする機械を発明するんです。神田くんが、その機械で自分の部屋をきれいにするのですが、あまりきれいにしすぎてしまうと、かえって落ち着かない。それで今度は汚しだしてしまう……という。

――なんというか、非常に深いテーマですね。お掃除ロボットの登場も予言されていますし。

歴史は苦手、だけれども……

――ところで、雁田さんはもとから歴史や考古学に興味をお持ちでしたか？

雁田　僕は、なかったですね。まったく。

――私もそうでした。はに丸くんには、考古学の専門家も関わっていたのですか？

雁田　それはないですよ。メインはことばを教えることでしたからね。はに丸が古墳について話すことも、いっさいなかった。

——はに丸くんの脚本を書いていくうちに、はにわに対する見方が変わった、思い入れが出てきたということはありますか？

雁田　はにわに対しては、特になにもないですねえ……。でも、はに丸に関しての思い入れは、あります。かっこよくっていうのではないけど、なるべくかわいく、がんばる子。「気持ちのいい子ども」にしてあげたかった。

——それは、私たち視聴者にも伝わっていると思います。大人になって観たら、また印象が違うんだろうなあ。

雁田　がっかりするかもね（笑）

——そんな、とんでもない！　ぜひ、続編をやっていただきたいくらいです！

雁田　それは、僕じゃなくてNHKの人に言ってね（笑）

——雁田さんは、今、主にフォークシンガーとして活躍されていますが、いつか、雁田さんのつくったはにわの曲が聴いてみたいです。

雁田　ふふっ、はにわの曲？　やってみようかな。

——よろしくお願いします！

（都内某所、喫茶店にて）

——「気持ちのいい子ども」にしてあげたかった。

プロフィール

雁田 昇（かりた・のぼる）

1943年、福島県生まれのフォークシンガー、俳優、放送作家。本名・佐藤 博。「雁田 昇」は、放送作家としてのペンネーム。

はにわって、なに？

Q1 土偶のことでしょ？

A. 違います！　よく間違えられるのですが、土偶とはにわは、まったくの別物ですよ！「人間などの形をしたやきもの」という点は同じですが、土偶は縄文時代に、はにわは古墳時代につくられたものです。

Q2 なにに使ったの？

A. はにわは、古墳のためにつくられ、古墳の上や周りに置かれました。なぜ置かれたのかについては、祭祀《さいし》用のため、古墳の土が崩れないように固めるため、ただの飾りなどの説がありますが、本当の理由はわかっていません。

Q3 どんな種類がある？

A. 教科書などに載っている、人の形をした「人物埴輪」（１～２章)、動物の形をした「動物埴輪」（３章）の他にも、家の形をした「家形《いえがた》埴輪」、武器や武具などの形をした「器財《きざい》埴輪」、筒状の「円筒《えんとう》埴輪」（４章）があります。

Q4 古墳って、なに？

A. 古墳時代につくられた、偉い人のお墓です。今から約1500年前、3世紀半ば〜7世紀までの約400年間､ダンプカーもショベルカーもない時代に、たくさんの人を動員してつくられました。現在も、全国に約16万基もの古墳が残っています。

Q5 古墳とはにわの関係は？

A. 古墳とはにわの関係は､一心同体。なぜなら、はにわは古墳に置かれるためにつくられたものだからです。ですから、古墳のないところにはにわはありません。（でも、はにわが最初から置かれなかった古墳もあります）

Q6 古墳に登ったり、はにわに会ったりすることはできる？

A. 登れる古墳は、全国各地に多数あります。宮内庁が管轄する古墳や私有地だと無理ですが、きれいに整備されて、復元されたはにわが置かれている古墳や、古墳の近くに博物館があって、ホンモノの出土品が見られるところも多いので、気になった古墳やはにわがあったら、ぜひ現地に出かけてみましょう！ （138ページ〜「はにわに会いに行こう」参照）

この本の見方

1 このはにわを一言で表すと？

2 この部分にご注目！出土した古墳の写真なども紹介

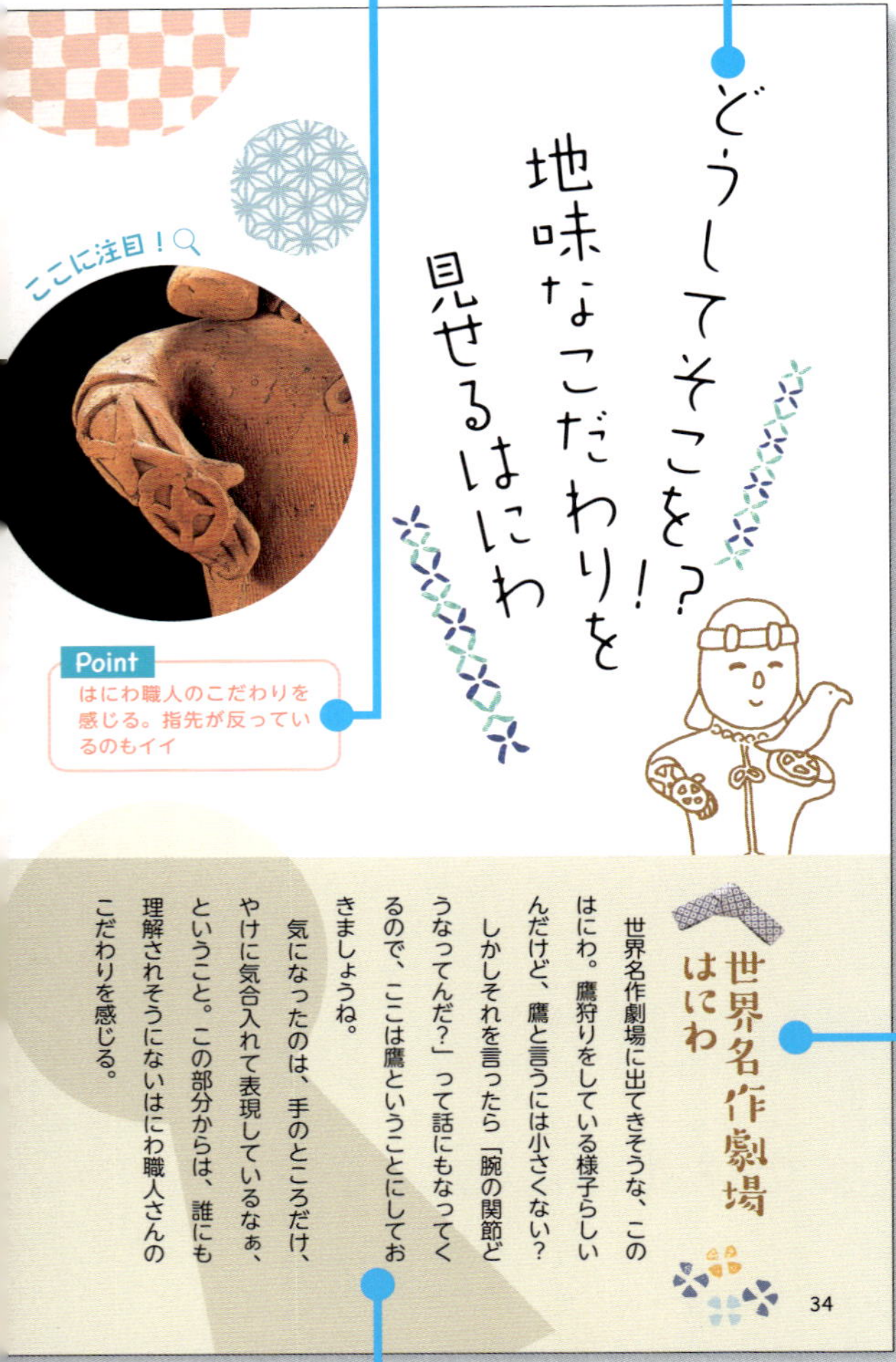
どうしてそこを？
地味なこだわりを！
見せるはにわ

ここに注目！

Point
はにわ職人のこだわりを感じる。指先が反っているのもイイ

世界名作劇場はにわ

世界名作劇場に出てきそうな、このはにわ。鷹狩りをしている様子らしいんだけど、鷹と言うには小さくない？

しかしそれを言ったら「腕の関節どうなってんだ？」って話にもなってくるので、ここは鷹ということにしておきましょうね。

気になったのは、手のところだけ、やけに気合入れて表現しているなぁ、ということ。この部分からは、誰にも理解されそうにないはにわ職人さんのこだわりを感じる。

34

3 このはにわのタイトルを、勝手につけちゃいました

4 はにわを見て、思いつくままにコメントしました

5 そのはにわにしゃべらせたいことや、こんなことを思っていそうだなというセリフを入れてみました

6 はにわのきれいな画像です

8

凡例

- 作品ページに記載される「プロフィール」欄および伝聞調となっている箇所を除くテキストは、著者の自由な発想に基づき執筆されたものであり、所蔵先や画像提供先等による見解、学術的な説とは無関係です。
- 「プロフィール」欄は、図録等の文献および所蔵先からの情報にもとづいて記載しています。
- はにわの実物が見たいという方は、「はにわに会いに行こう」（138 ページ〜）をご活用ください。お目当てのはにわが展示されているかどうかは、各館へ事前にお問い合わせください。

7 はにわのプロフィールとして、名称、出土地・古墳名、製作年代、寸法（残存最大高）、所有者・展示施設名・画像提供者を記載しました

第1章

ほら、はにわっていいでしょ？

思わず
うっとりするような、
あなたの知らない
〝美はにわ〟たち

皆の人気者！明るい性格のはにわ

ここに注目！

Point

肩にお気に入りの鍬を担いでいる

ウキワクはにわ

鍬《くわ》を左肩に担いでいるこのはにわさん。今週の農作業を終えていい顔してます。明日は休みだね、この顔は。

両肘を上げて、仲間に「あそこの店、行っちゃう？　ねぇ、行っちゃう？」って言ってる感じ。とにかく全身からウキウキワクワク感が出ているもんだから、見ているこっちも楽しくなっちゃうね！

農作業仲間の間でも彼は人気者。つらい現場でも、彼がいたらみんな笑顔になっちゃう。明るい性格のはにわだね！

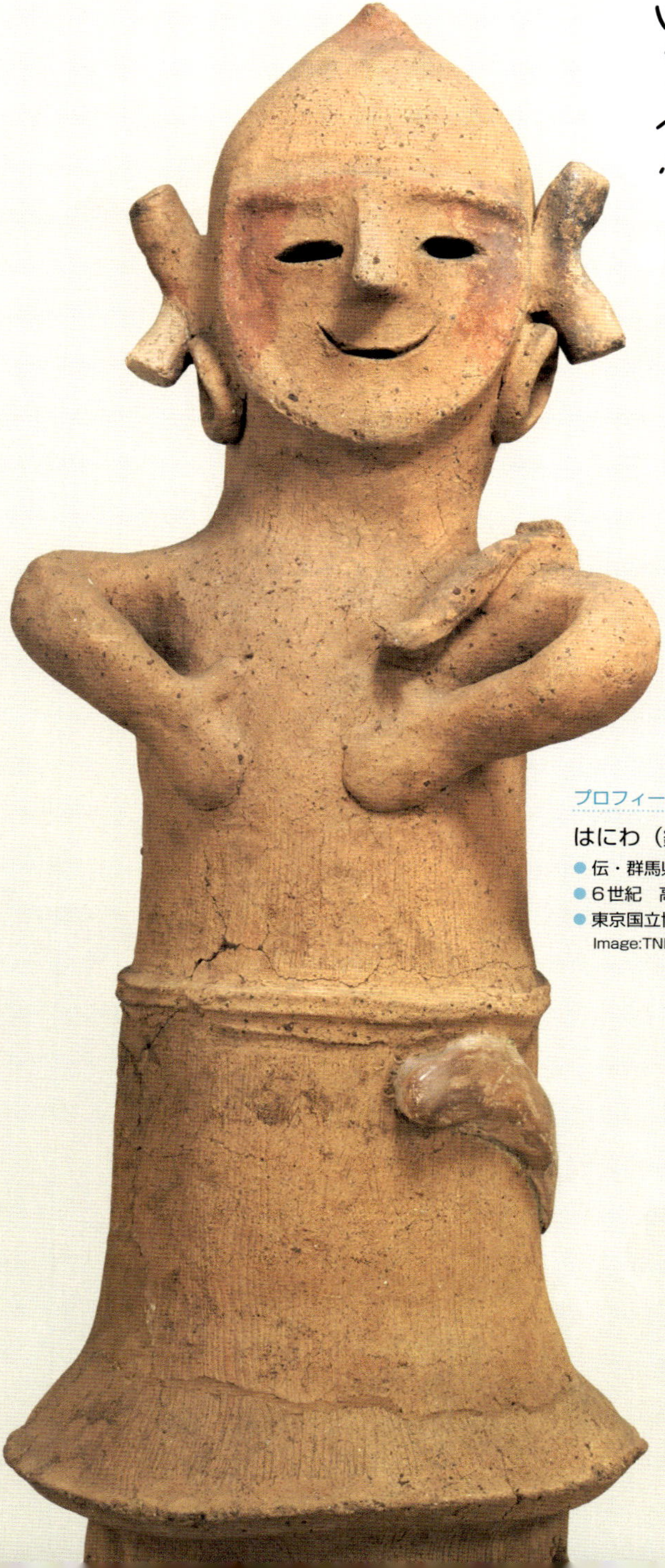

プロフィール

はにわ（鍬を担ぐ男）

- 伝・群馬県伊勢崎市出土
- 6世紀　高さ 92.0cm
- 東京国立博物館

Image:TNM Image Archives

古代のイカ娘？！誰も彼女には逆らえない

Point
帽子なの？
髪型なの？
どちらにしても……

Point
ハサミをぶらさげてるように
しか見えない……

イカハサミはにわ

頭のそのイカみたいのは帽子なの？

それとも髪型？

おっぱいがついているから女性なんだろうけども、こりゃただの女性じゃないね。

服の結び目にいたっては、どう見てもハサミをぶらさげてるようにしか見えない。

気に入らないことがあったらこのハサミで威嚇してくるから、家来たちも彼女には逆らえないけど、陰では「またあの変な帽子かぶってるよ」とか言われてそうだなぁ。

プロフィール

はにわ（女子）

- 栃木県宇都宮市・綾女塚古墳出土
- 6～7世紀　高さ59.5cm
- 東京大学総合研究博物館

人の目を気にしすぎ!?
誰もそんなに君を見ていない

ここに注目！

Point
こんなふうにカバンを持つ奴は
かっこつけに決まってる

かっこつけはにわ

ついついこの異様な頭に目が行きがちだが、左手に参考書、右手に学生カバンを持っている学生と考えてみてほしい。

参考書を読みながら、学生カバンをこんなふうに肩にかけて駅のホームにたたずんでいる男子高校生の姿を見たことがある。

「勉強してるからって、真面目すぎる感じに思われたくない」と、周囲をものすごく意識しているので、結局、参考書の内容が頭に入ってこないのである。

プロフィール

はにわ（帽子をかぶり
鍬を担ぐ農夫）

- 群馬県太田市・オクマン山古墳出土
- 6世紀　高さ 85.5cm
- 太田市教育委員会

家来の中の家来！仕事のデキるエジプトはにわ

ここに注目！

Point
ちょこんと申し訳程度についている手がかわいい♡

トップ・オブ・ザ・家来はにわ

なに？　この、すごいエジプト感！

帽子の感じやこの体勢、フォルム、そして鼻筋の通ったこのキリッとした顔つき……すべてからエジプト感が漂っています。

そして、頼まれた仕事はキチッと、なんでも完璧にこなしてくれそう。

この顔は、絶対裏切らないタイプでしょ～

「上司のためなら命すら捧げます」っていう献身的な感じ……

こんな家来がいる王様は、幸せだろうなぁ。

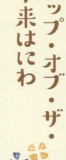

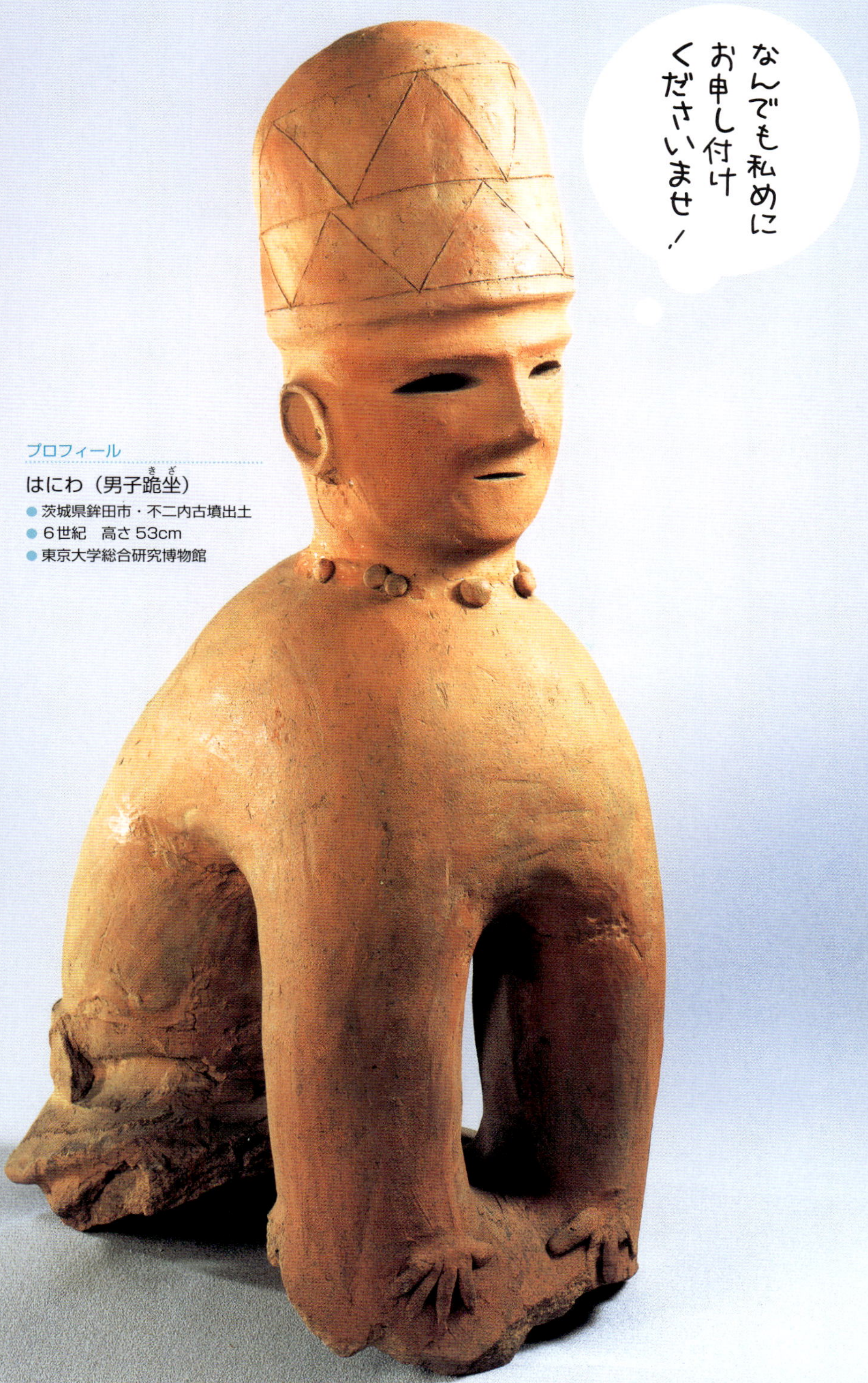

プロフィール

はにわ（男子跪《き》坐《ざ》）

- 茨城県鉾田市・不二内古墳出土
- 6世紀　高さ 53cm
- 東京大学総合研究博物館

内緒でアイドルやってます！ランチは自前のお弁当

ここに注目！

Point
足を乗せる台までついているなんて、気が利いてるね

奈良県立橿原考古学研究所マスコットキャラクター
イワミン

©TMK-ai

OLはにわ

「男子」ということだけど、「今日のお弁当は気合い入れてつくってきたのよね～」なんて言ってる、よくいるランチタイムのOLのよう。

オフィスの庭の片隅にあるベンチで、今朝自分でつくってきたお弁当を広げてます。この時間が一日で一番楽しみな時間。

感情表現が苦手で、会社では地味で目立たない子だけど、じつは「イワミン」なんていう顔を持っているの。

このことは会社には内緒だよ！

やっと
お弁当の
時間っ♪

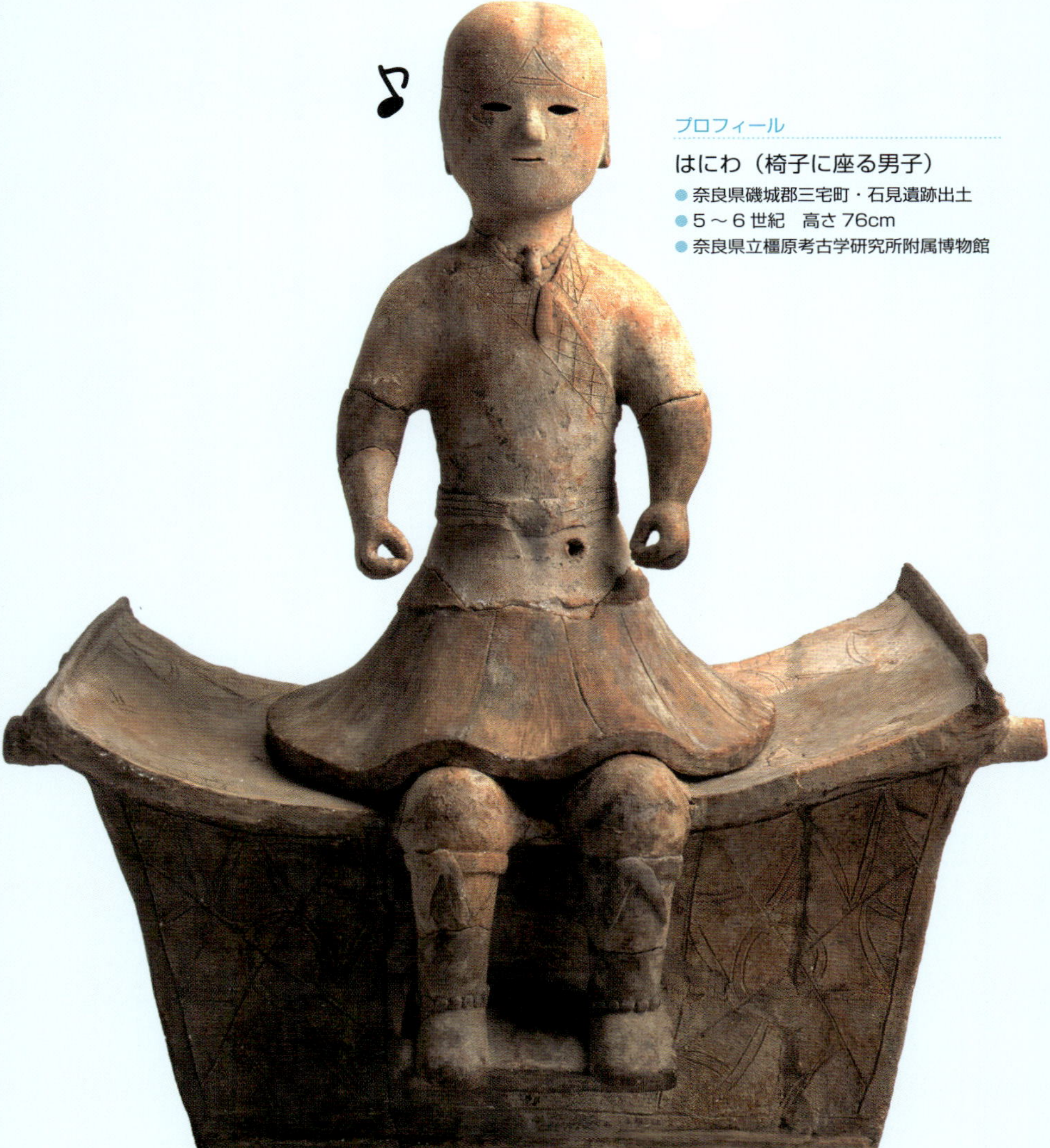

プロフィール

はにわ（椅子に座る男子）

- 奈良県磯城郡三宅町・石見遺跡出土
- 5～6世紀　高さ76cm
- 奈良県立橿原考古学研究所附属博物館

プロフィール

はにわ（女子頭部）

- 大阪府堺市・大仙古墳出土
- 5世紀　高さ 20.2cm
- 宮内庁書陵部

セレブ中のセレブ！ オンリーヘッドな 貴婦人はにわ

ここに注目！

Point
なんでこんなに鼻の下を長くつくったんだろう

首だけセレブはにわ

鼻の下がやけに長い。

しかし、なんでしょう。頭しかないのに、この気品漂う感じ……ただ者じゃない感、バリバリ出てます！

それもそのはず。クフ王のピラミッドや秦の始皇帝陵よりも大きい、世界最大の大仙古墳（仁徳天皇陵）から出てきたはにわなんですものっ！ そりゃあもうセレブ中のセレブだね！

頭だけでこの気品ってことは、体があったらすごいんだろうなぁ。

大仙古墳。セスナ機から見たときは古墳へダイブしたくなりました
（画像提供：伊藤 壮）

今年のミスはにわグランプリは彼女に決定！

ここに注目！

Point
ここらへんのフォルムが、古来の日本人女性らしくて色っぽい！

ミスはにわが出土した古墳は、ビシっと整備されて公園になっているよ

ミスはにわ

お寿司のネタがのっているようなこの髪型は、当時のガールズはにわ界で結構流行っていたみたいで、いろんな博物館でこの髪型のはにわを見かけます。

それにしても美人なはにわさん。しかも、美人なのに嫌味のない柔らかな表情。

日本人女性らしいなで肩でスタイルも良いし、これならミスはにわグランプリで優勝も間違いなし！

きっと持っていたのは優勝トロフィーだね！

プロフィール

はにわ（巫女）

- 福岡県飯塚市・小正西古墳出土
- 6世紀　高さ 70.5cm
- 飯塚市歴史資料館

自分の立場が一番大事な現場監督はにわ！

ここに注目！

Point
このキノコみたいな帽子をかぶっているはにわは意外と多い

中間管理職はにわ

またまた鍬を持っている農作業系はにわだけど、このはにわ、なんとなく偉そうにふんぞり返っているように見えます。

この人は作業をしている側ではなくて、どちらかというと中間管理職の現場監督的なポジションかな。

上司に「納期までに上げてくれよ～」と言われ、作業をしている部下たちに厳しく当たる。権威が必要だからこんなに偉そうにしている。

なんとな～く、自分の立場を一番大事に思っている表情に見えるね。

お〜い、
ちゃんとやってくんなきゃ、
俺が怒られんだよ

プロフィール

はにわ
（笠を被り鍬を担ぐ農夫）

- 群馬県太田市・オクマン山古墳出土
- ６世紀末　高さ 75cm
- 京都国立博物館

どうしてそこを？！ 地味なこだわりを見せるはにわ

ここに注目！

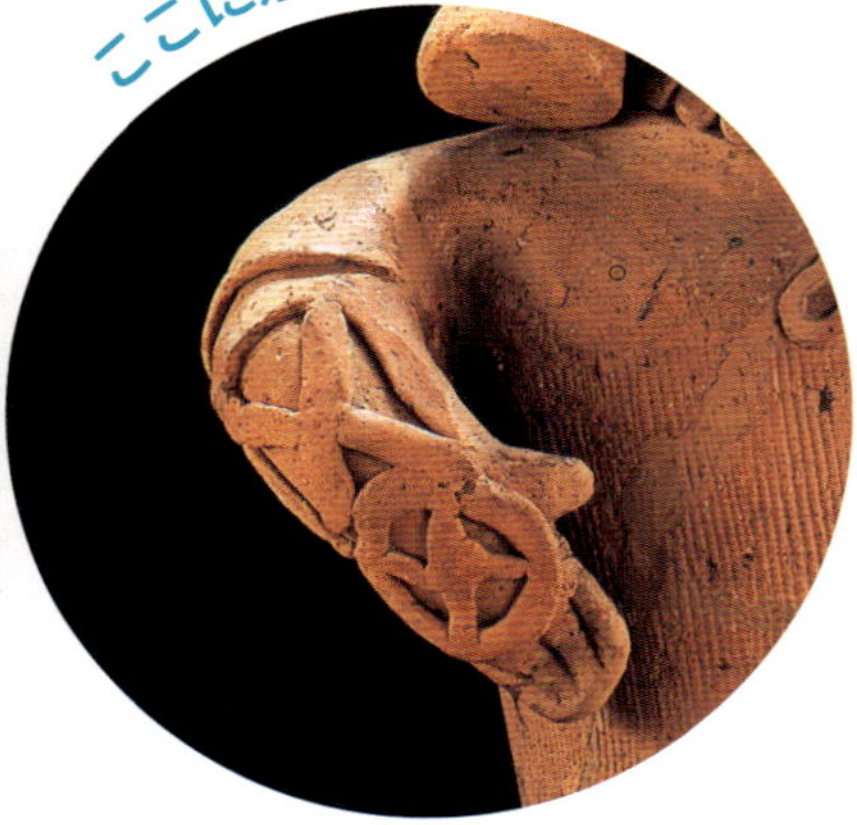

Point
はにわ職人のこだわりを感じる。指先が反っているのもイイ

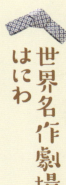

世界名作劇場 はにわ

世界名作劇場に出てきそうな、このはにわ。鷹狩りをしている様子らしいんだけど、鷹と言うには小さくない？

しかしそれを言ったら「腕の関節どうなってんだ？」って話にもなってくるので、ここは鷹ということにしておきましょうね。

気になったのは、手のところだけ、やけに気合入れて表現しているなぁ、ということ。この部分からは、誰にも理解されそうにないはにわ職人さんのこだわりを感じる。

プロフィール

はにわ（鷹狩男子）

- 群馬県伊勢崎市出土
- 6～7世紀　高さ 74.5cm
- 大和文華館

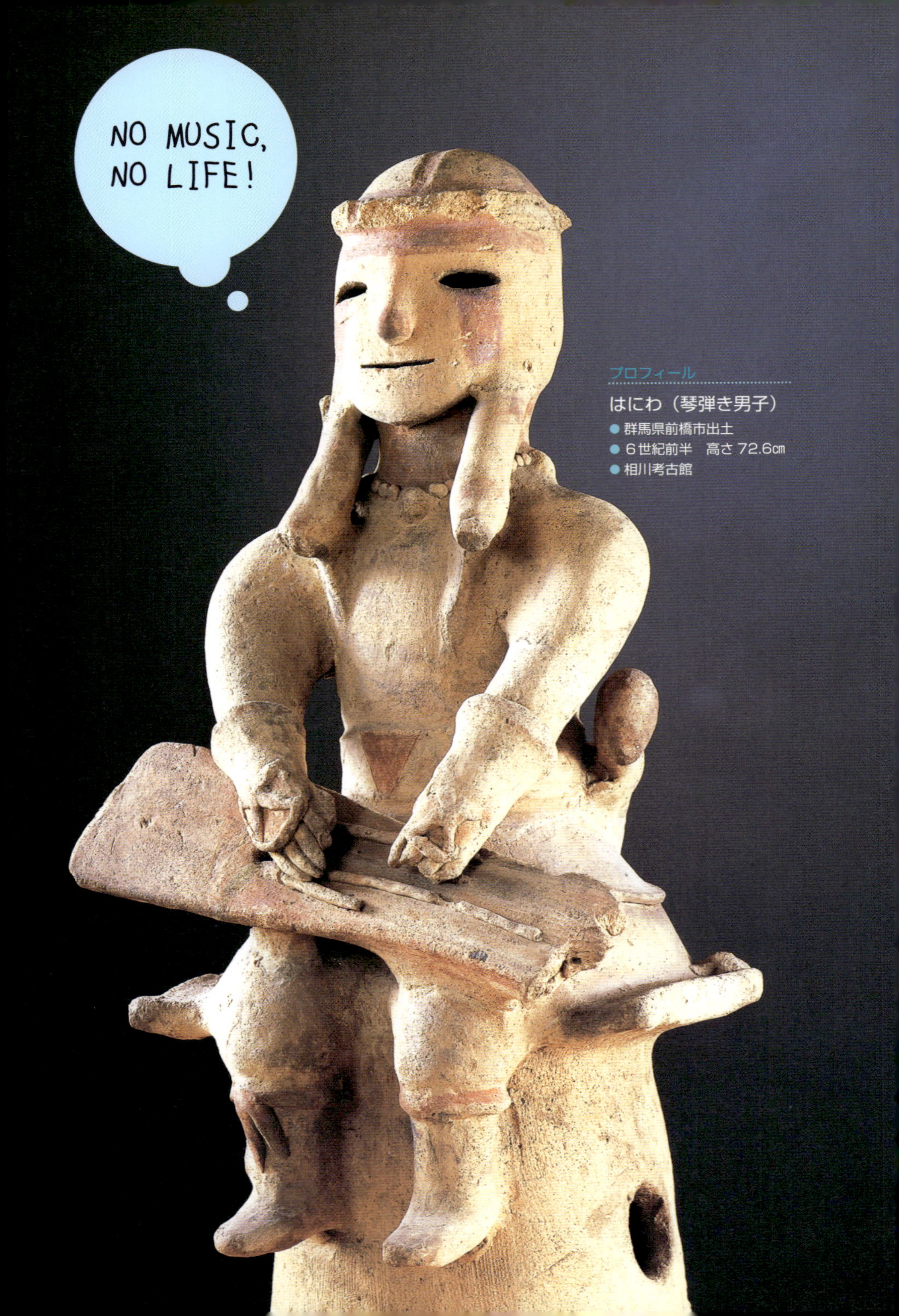

プロフィール

はにわ（琴弾き男子）

- 群馬県前橋市出土
- ６世紀前半　高さ 72.6㎝
- 相川考古館

プロのバックミュージシャンはにわ！

ここに注目！

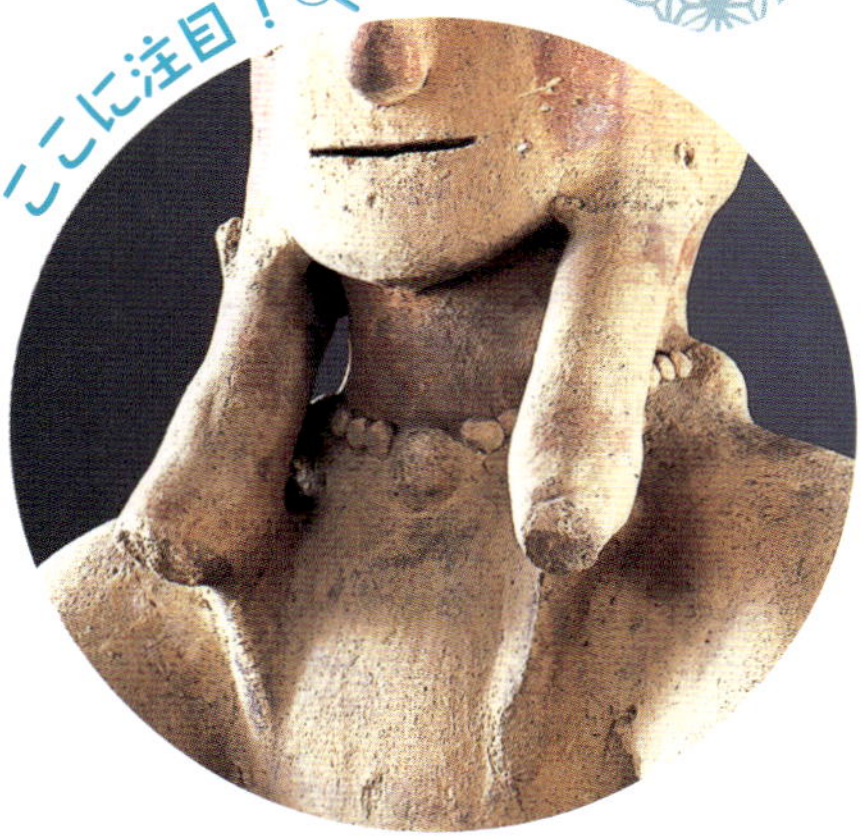

Point
なかなか奇抜な
ヘアスタイルです

相川考古館のキャラクター「ことはにくん」はこのはにわがモデル。古代系アイドルらしい。ツイッターアカウントもある

琴プロはにわ

楽器初心者は、どうしても手元を見て演奏しがち。

しかし彼はプロだね！

演奏中、自分の演奏で気持ちよく歌えているかを気にしてボーカリストを見るバックミュージシャンの顔をしているよ。とても楽しく演奏してる。

さらに、長髪で奇抜なヘアスタイルにしているという点を見ても、ボーカリストを立てながらも、さりげなく自己主張を忘れていない姿勢がうかがえる。

……こんなバックミュージシャンと一緒にライブしたいな。

う……
俺には
斬れない……

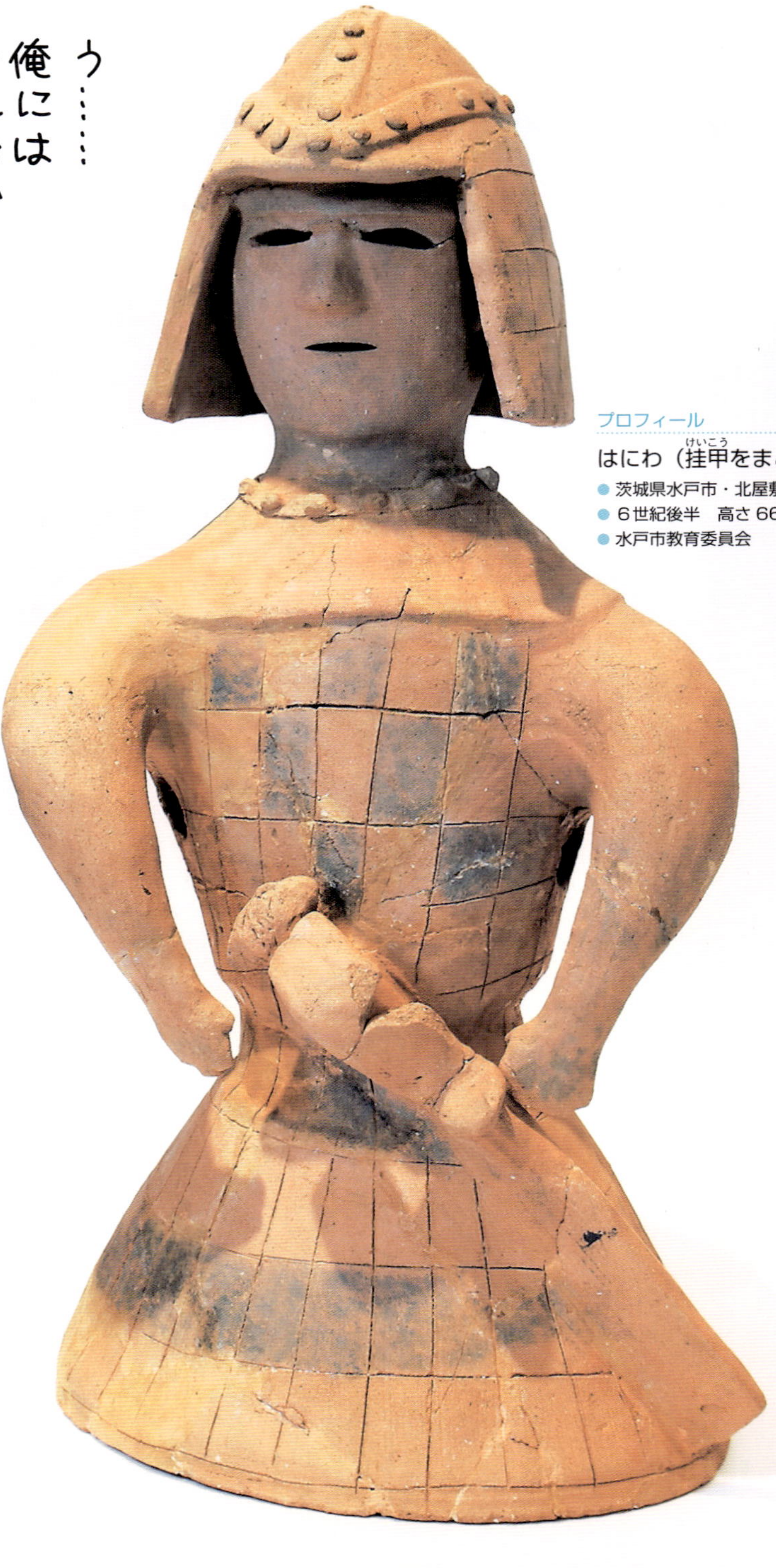

プロフィール

はにわ（挂甲《けいこう》をまとう男子 ）

- 茨城県水戸市・北屋敷２号墳出土
- ６世紀後半　高さ 66cm
- 水戸市教育委員会

ちょっぴり臆病な豪腕はにわ！

ここに注目！

Point

腕の太さが尋常じゃない！

腕太チェッカーはにわ

見よ、この腕の太さ！　そしてこの派手なチェックの鎧！

見るからに強そう！

……なのに表情は、なんとなくキョドっているのはなぜだろう。

大柄で力持ちの人が、じつはとっても臆病だったりするような感じで、このはにわくんも、もしかしたら戦うことが苦手なのかも？

「斬れ！」と王様に言われたけども、剣を抜くのを躊躇している姿のようにも見える。

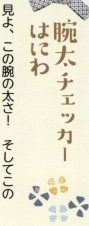

第2章

たのしき、はにわの世界

なんだかわからない、
不思議だ、
けれどたのしい
“おもしろはにわ”たち

「はにわ」と言えばコレ！はにわ界の大スター

ここに注目！

Point
ちょーっとメタボ気味？

東京国立博物館のキャラクター「トーハクくん」は、このはにわがモデル。ちなみに、トーハクくんの本名は東《あずま》 博《ひろし》

イヤミはにわ

出た！　はにわといえば、誰もがこの「シェ〜」をしたはにわを一番最初に思い浮かべると思う。お土産屋さんでもはにわのグッズといえばこのはにわだし、はにわづくり体験でもこのはにわをつくりたいという人がすごく多い。

でも実際、こんなはにわ、コレ以外に見たことある⁉

「はにわの基本はコレ」みたいな風潮があるけど、じつはものすごく珍しいはにわ……〝珍はにわ〟なのではないでしょうか。

プロフィール

はにわ（踊る人々）

- 埼玉県熊谷市・野原古墳出土
- 6世紀　高さ 57.0cm、64.1cm（推定復原部分含む）
- 東京国立博物館

Image:TNM Image Archives

おマヌケ顔の古墳時代DJははにわ

ここに注目！

Point

これは鼻の下の溝を表しているのかな……

はまじのはにわ

オシャレな帽子をかぶったDJが、レコードを回しながら「2階席まで盛り上がってるかなぁ?」と見上げているような……。マンホールからはい出てきて「あれぇ?どこに出てきちゃったんだ?」ってシーンの可能性もある。

いずれにしても、なんでこんなはにわにしたのか、作者に聞いてみたいですよ、はい。

……それにしてもマヌケな顔つきだよなぁ～

ちびまる子ちゃんに出てくる「はまじ」に酷似している。

プロフィール

はにわ（踊る人物）

- 伝・埼玉県出土
- 6世紀　高さ70cm
- 埼玉県立さきたま史跡の博物館

ドキッ！セクシ～なポーズで誘惑するはにわ

ここに注目！

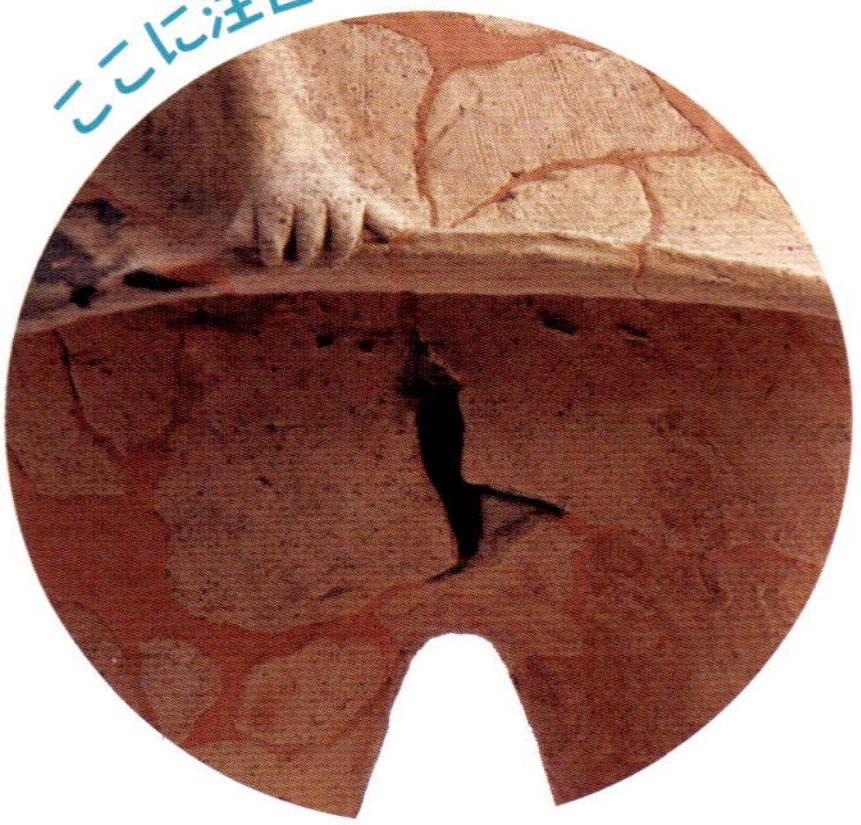

Point
キャー！
モザイクかけたくなる！

袋とじはにわ

えっ！ 18禁では⁉ ア、アソコ見せちゃってるけど～⁉

腕まくりまでして気合い入った感じでスカートめくってるんだけど、「寄ってらっしゃ～い♡」みたいに誘ってるのかな？

左手でいったいどんな動きをしてたのか、気になるぅ～！ なくなっちゃっているのがヒジョーに残念！

『古事記』に出てくる日本最古のストリッパー「アメノウズメ」がモデルなのかな？ とにかく、いろんな妄想が生まれるはにわデス。

プロフィール

はにわ（裾《すそ》をまくる女）

- 宮崎県児湯郡新富町・百足塚古墳出土
- 6世紀前半　高さ90cm
- 新富町教育委員会
  （新富町資料館）

プロフィール

はにわ（裸の男性）

- 6 世紀　高さ 55.3cm
- 天理大学附属天理参考館

男は大きさ!?ブチ切れ見せびらかしはにわ

ここに注目！

Point
アップにするとだいぶ露骨な感じだね……

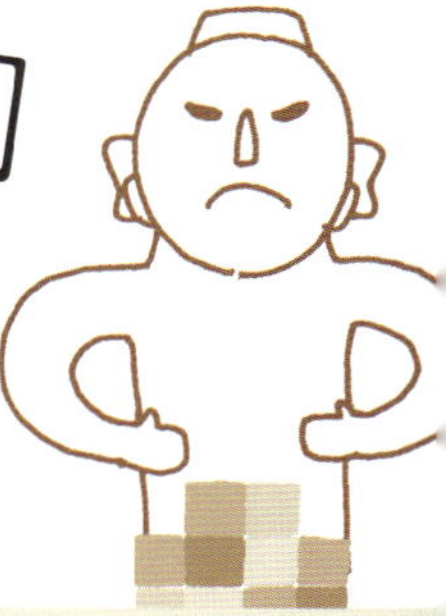

裏じデオはにわ

馬並み！　もう……ソコにしか目が行かない！

しかし、この表情は、なにか怒っているような気もする。

「お前、大きくなっても大した大きさじゃねぇだろ」なんて挑発に乗って「なにお～!?　こんなにデカいわ！」という感じでわざわざ見せてる感じがあるね。

それにしてもアソコの部分、よくきれいに残ってたね。

さっきのセクシーはにわと同様、18禁でしょ、コレ。

異様な空気を放つ、まがまがしいはにわ

ここに注目！

Point
コレがラーメンマンを植物状態にしたベアークローだ！

この殿塚古墳から出土したそうです。良き古墳！

ウォーズマンはにわ

こんなにまがまがしいはにわも、なかなか珍しい。

このはにわが這いつくばって見える姿から、当時の日本にも、葬式などで泣いてわめく職業「泣き女」が存在していたんじゃないか、ともいわれてるそうだけど……

この右手なんて『キン肉マン』に出てくるロボ超人・ウォーズマンのベアークローみたいで、触ろうとなんてしたらスクリュードライバーをお見舞いされそう！

プロフィール

はにわ（はいもとほろう人）

- 千葉県山武郡横芝光町・殿塚古墳出土
- 6世紀後半　高さ 21.5cm
- （宗）芝山はにわ博物館

柔らかな表情の最強魔除けはにわ

ここに注目！

Point ……鼻が高い！

このはにわが出土した神領10号墳（前方後円墳）

最強はにわ

顔のつくりが細かいはにわNo.1だと思う……他に、こんなはにわ見たことがない！

鼻の穴がちゃんと開いているし、なんと口の中には、歯に見立てた石が差し込まれていた跡まである！　しかも上下に！

はにわ職人は、いったいどうしてここまで細かく顔をつくりこんだのだろう……モデルの人が実在したんじゃないかって、思ってしまうね！

柔らかい表情だけに、どこか、近寄ってはいけない空気を感じる。

ねえ、ホントに
それ以上
近づくの？
フフ……

プロフィール

はにわ（盾持人《たてもちびと》）

- 鹿児島県曽於郡大崎町・
  神領 10 号墳出土
- 5 世紀　高さ 73cm（現存高）
- 鹿児島大学総合研究博物館

なんだか楽しいはにわ3兄弟

ここに注目！

Point
この頭のトンカチみたいなものはいったい何!?

本庄市のマスコットキャラクター「はにぽん」は、このはにわがモデル

チェブラーシカはにわ

こちらは、ニコニコとずいぶん楽しそうな表情の三人組！

体の真ん中の四角い部分は、盾なんだって。

こんなふうに盾を持っている人のはにわを「盾持人《たてもちびと》埴輪」といって、古墳を守る魔除けのような役割があるといわれているのだけど、チェブラーシカみたいでかわいいよねぇ〜

なんだか楽しそうで、「一緒に遊ぼうよ〜」って、逆に誘われてる気になっちゃう！

一緒に遊ぼう〜！

プロフィール

はにわ（盾持人物）

- 埼玉県本庄市・小島前の山古墳出土
- ６世紀　中央：高さ 116cm
- 本庄市教育委員会

いかつい顔した ド迫力はにわ

ここに注目！

Point
威嚇顔じゃ、このはにわがNo.1 でしょ

このはにわが出土した保渡田《ほどた》八幡塚古墳のある「かみつけの里」では、毎年秋にお祭りが行われていて、古墳時代の再現劇「王の儀式」が上演される。この盾持人に扮装する人（左）も見れるよ！

歌舞伎はにわ

頭のトンガリ具合が、おとぎ話に出てくるこびとっぽくて、後ろ姿はなんともかわいらしいんだけど……表から見るとコレ！

歌舞伎の見得《みえ》を切ったときのような、この顔！　こんな威嚇をされたら、こわくて近寄れない!?　さっきのはにわと同じく「盾持人埴輪」なのだけども、表情が全然違うよね。

このはにわ、他の人物埴輪が集まっている場所から離れたところで発掘されたそうです。最前線で古墳を守ってたなんて、カッコイイなぁ！

プロフィール

はにわ（盾持人）

- 群馬県高崎市・保渡田八幡塚古墳出土
- ５世紀後半　高さ 86cm
- 高崎市教育委員会

画像提供：かみつけの里博物館
撮影：新井眞一

前ページのはにわが出土した保渡田八幡塚古墳は、できた当時の姿に復元されているよ
画像提供：伊藤 壮

うちの子が、
いつもお世話に
なってますぅ〜

プロフィール

はにわ（盾持人）

- 群馬県太田市・若水塚古墳出土
- ６〜７世紀　高さ 99.8cm
- 東京国立博物館

Image:TNM Image Archives

ほっこりさせてくれるお母さんはにわ

Point

下のほうも、スカートの裾のようにちょっとクネッとなってるね

お母さんはにわ

またまた盾持人。これまた変わったはにわデスネ。

男性ということなのだけど、少～しふくよかで、細長い顔で穏やかに微笑みかけてる姿は、授業参観に来たお母さんのよう。

ネックレスをしたり、ちょっとオシャレしていていつもと違うお母さんが、子ども心になんだか気恥ずかしくなった、あのときを思い出すなぁ。

日本にただ一つ!? マッチョなアマゾネスママはにわ

ここに注目！

Point
足を突っ張らせて、ギリギリでしがみついているように見える

アマゾネスママはにわ

このたくましき母親の姿を見よ！

母親は、腕っぷしが強くなくちゃやっていけない！　作者はそれを伝えたかったに違いない！

右手がなくなっちゃっているけど、コレ、本当に乳飲み子を抱いていたのだろうか……赤ちゃんのほうがしがみついて乳を飲んでいたとしたら、その身体能力の高さはアスリート並みだ。

大きさの比率を考えると、パンダとパンダの赤ちゃんくらい、赤ちゃんが小さいね。

プロフィール

はにわ（乳飲み児を抱く女性）

- 茨城県ひたちなか市・大平黄金塚古墳出土
- 6世紀　高さ 27.5cm
- ひたちなか市教育委員会
（ひたちなか市埋蔵文化財調査センター）

究極のぼんやり顔はにわ

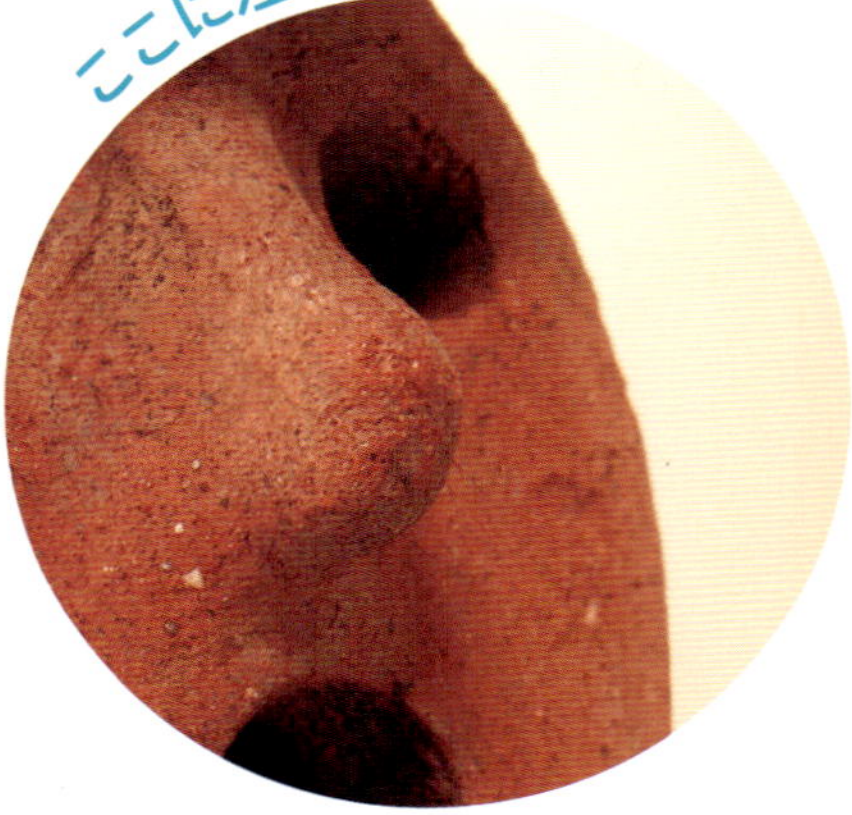

Point
この鼻の丸みがキュート！

トップ・オブ・ザ・ぼんやりはにわ

非常にはにわらしいこの表情。それもそのはず。あの有名な「シェ〜」をしたはにわ（42ページ）と同じ古墳から出土している。目と口が丸く開いていて、同じはにわ職人さんがつくったんじゃないかと思う表情だよね。

ただ、違うのはこの鼻。丸みがあって、ちょこんとついている感じがなんとも愛らしい！

ぽや〜んとした表情で、いったい何を考えてるのかなぁ。そして、首から下はどんな感じだったのかなぁ。

プロフィール

はにわ（笠を被る男子頭部）

- 埼玉県熊谷市・野原古墳出土
- ６世紀　高さ 17.2cm
- 東京国立博物館
  Image:TNM Image Archives

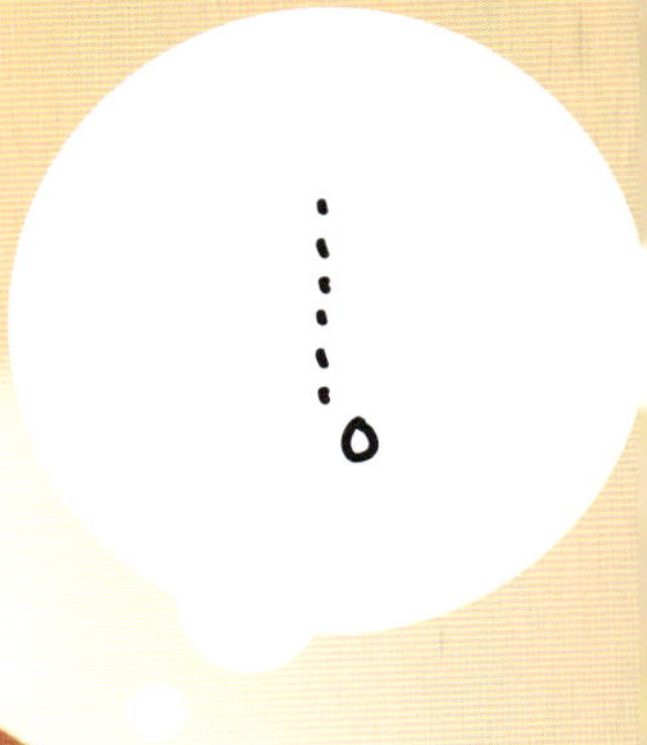

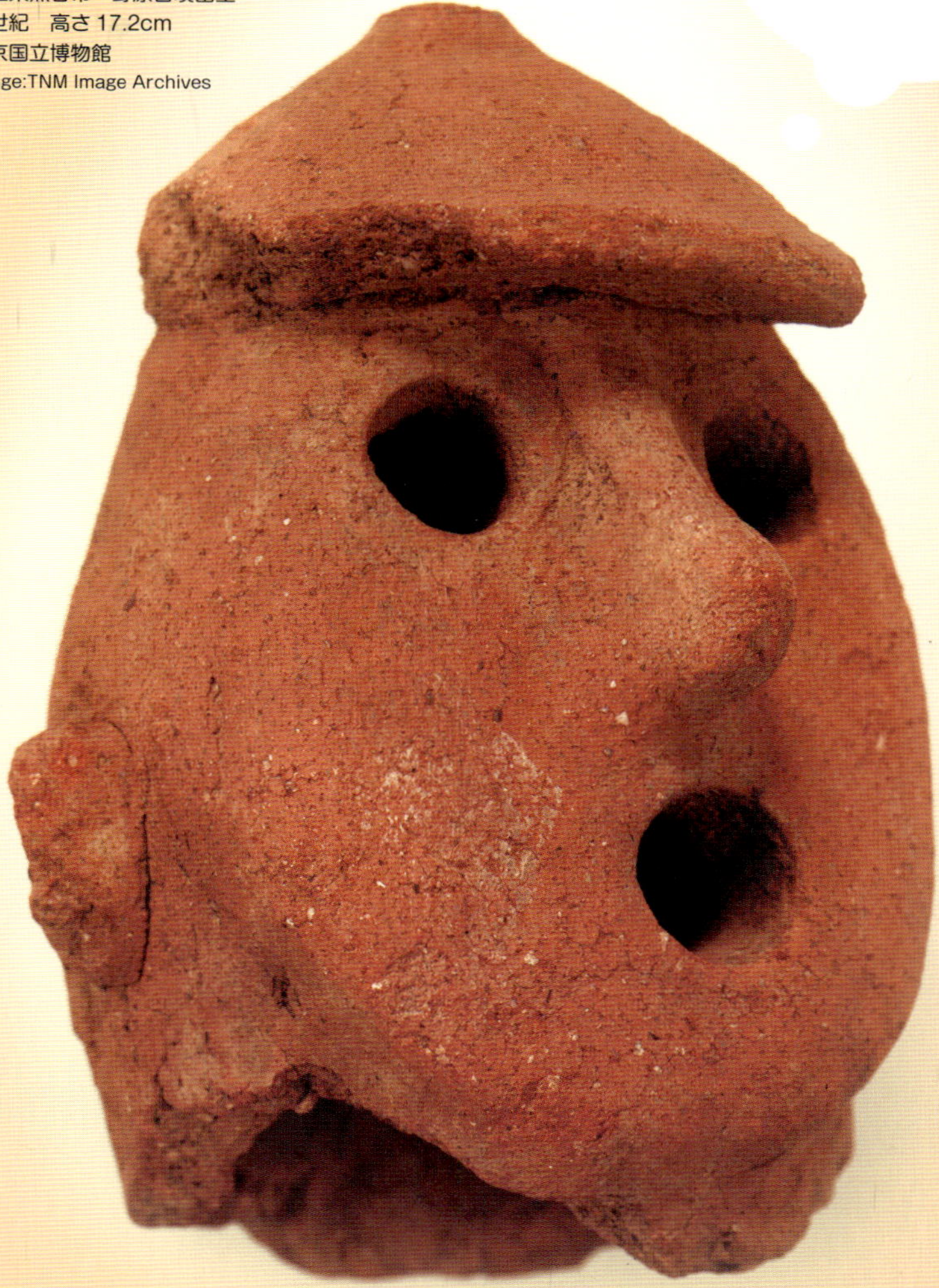

丸っこい！かわいさNO.1はにわ

ここに注目！

Point
確かに、格子状の跡が残っている！

市内でも最大規模の、この八雷古墳から出土したよ。神社一体型古墳！

こけしはにわ

すんごくカワイイはにわ！

なんだか「こけし」みたいなフォルムだよね～

このはにわの頭には、本当は兜がついていたんだって！

しかも、よ～く見ると、胴体の部分に格子状の跡が！　これは鎧を表しているんだって！

そういうことから、武人のはにわであることがわかっているよ。

もともとどんな形になっていたのかわからないけど、この状態のこの子が、すんごく愛らしくて大好き！

ぼく、武人なんだけどなあ……

プロフィール

はにわ（武人）

- 福岡県行橋市・八雷古墳出土
- ６世紀前半　高さ 33.6cm
- 行橋市教育委員会
（行橋市歴史資料館）

頭が長い！笑い疲れた古墳形のはにわ

ここに注目！

Point
なんだか涙を流している
ように見える

笑いすぎはにわ

もう、なんて言っていいのか……ホント、フォルムがおもしろいはにわだよなぁ。正面から見ると前方後円墳みたいな形してる！

そして、左目には涙を流してるような跡があって、まるで涙が出るほど大笑いした後の残り笑いみたいな表情。

このなんともユーモアあふれるはにわは、ぜひ生でいろんな角度から見てみてほしい！

北区飛鳥山博物館では、このはにわのメモ帳も売っている。ぜひ見に行ってGetしよう！

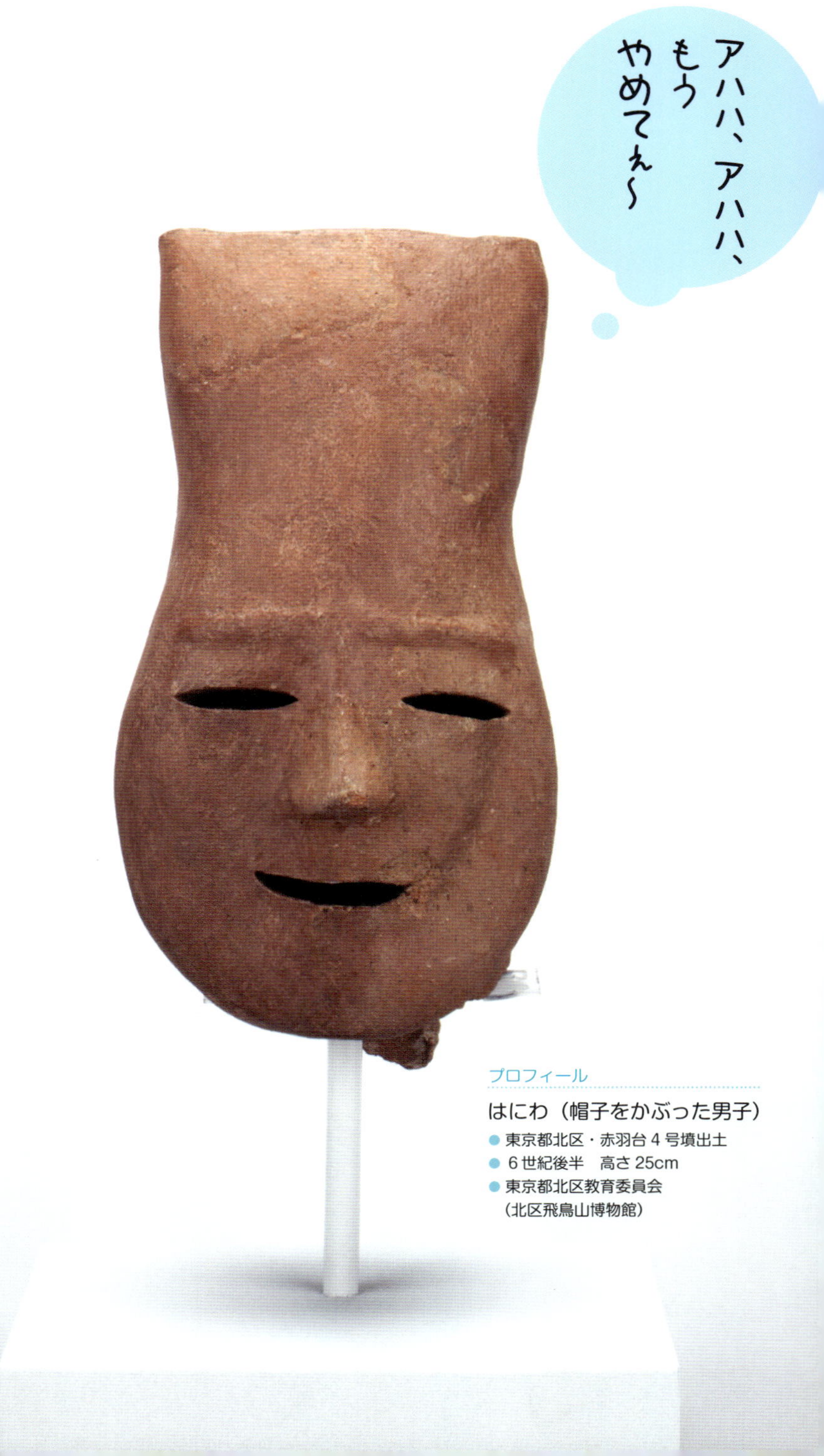

プロフィール

はにわ（帽子をかぶった男子）

- 東京都北区・赤羽台４号墳出土
- ６世紀後半　高さ 25cm
- 東京都北区教育委員会
（北区飛鳥山博物館）

ヒトの二面性を表した珍はにわ

Point
すんごくツリ目！
ちょっと怒ってる？

二重人格はにわ

はにわ職人は時折、自分のアーティスト性を思いっきり作品に出す。

両面に顔をつくろうだなんて、このはにわをつくった職人も、誰もつくったことがないはにわをつくりたかったに違いない。

一方は穏やかな表情、もう一方は怒ったような表情のように見える。横から見てみると、最初は普通の穏やかな表情のはにわを作っていたのだけど「これじゃつまんないなぁ」と思って、後から怒った顔をつくることを思いついたんじゃないかなぁと感じる。

どっちが好み？

Point

穏やかな表情。入れ墨みたいな線刻がある

Point

横から見ると、穏やかな表情から先に作ったんじゃないかと思える

プロフィール

はにわ（両面人物）

- 和歌山県和歌山市・大日山 35 号墳出土
- 6 世紀前半　高さ 19.2cm
- 和歌山県立紀伊風土記の丘

堂々と四股を踏むけど、なんだかカワイイ力士のはにわ

ここに注目！

Point
この突っ張っている短い右腕がかわいい

志村力士はにわ

古墳時代にもお相撲さんがいたんですね。じつは、他の古墳からも力士のはにわはけっこう出土しているよ。

そのなかでも、この力士はにわの四股を踏む姿は、堂々と胸を張っていて、なんとも勇敢な感じ！

でも、ピンと伸ばした腕が異様にちっちゃくて短いからなのかな？　なんか、ドリフの相撲コントを思い出しちゃって、ちょっと笑えてくるんだよなぁ〜！

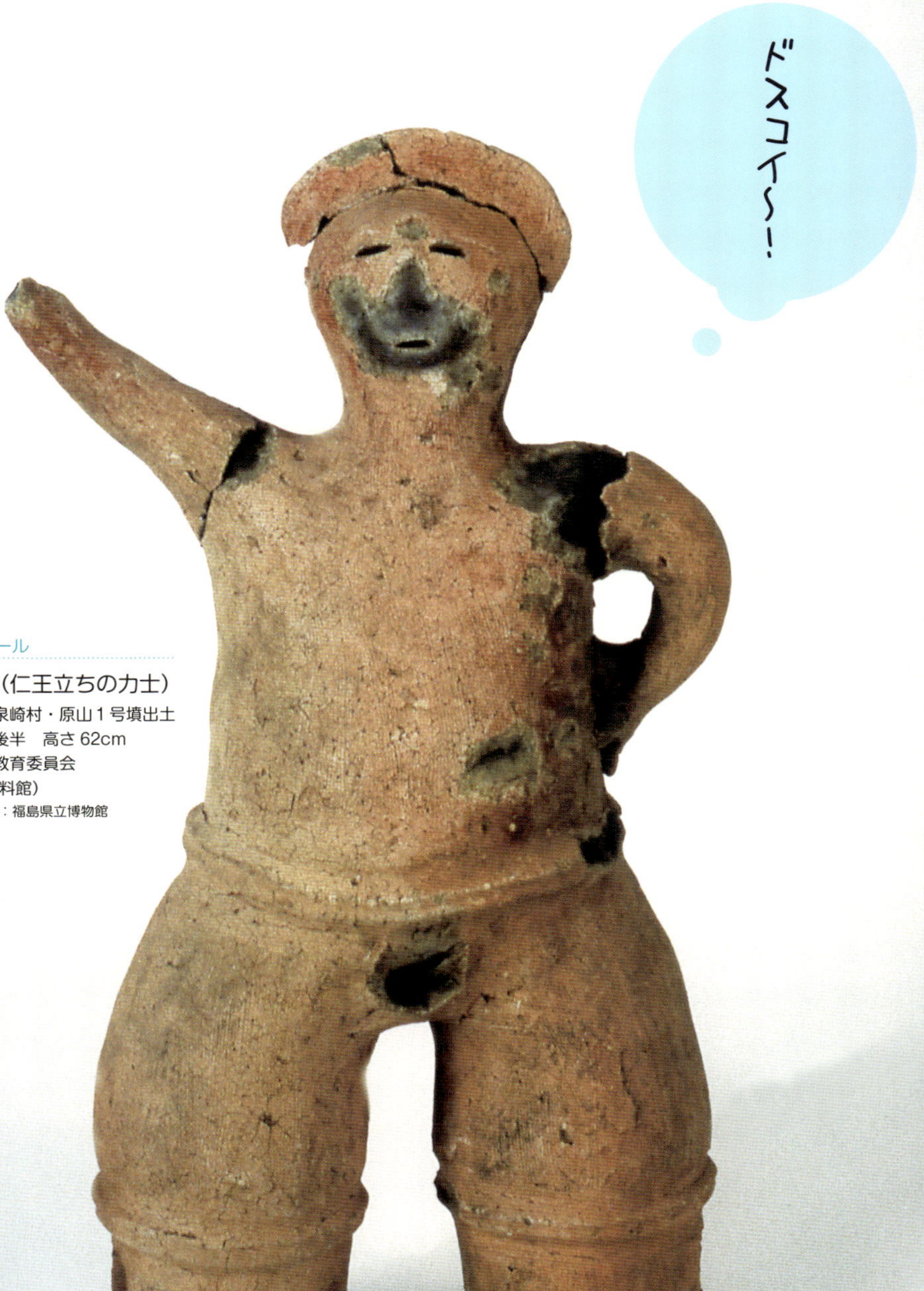

プロフィール

はにわ（仁王立ちの力士）

- 福島県泉崎村・原山１号墳出土
- ５世紀後半　高さ 62cm
- 泉崎村教育委員会
（泉崎資料館）

画像提供：福島県立博物館

第3章

はにわの動物園

まるく、のびやかで、
おだやかな野生
ここは
“はにわの動物園”

はにわづくりコンテスト・動物部門で優勝のはにわ

ここに注目！

Point
取り外し可能な角は、展示や持ち運びに便利！

美少年系鹿はにわ

とても美しい鹿のはにわ！　顔も美少年だよね〜

失われてしまっている部分がたくさんあるけど、なんだか、それも合わせて芸術的に見えちゃうんだから不思議！

しかも、この立派な角、取り外しができるはめ込み式なんだって！

古墳から出土したんじゃなくて、はにわの窯跡から見つかっていることも考えると、じつは「はにわづくりコンテスト」が行われていて、そのためにつくられたものなのかも!?

プロフィール

はにわ（見返りの鹿）
- 島根県松江市・平所遺跡埴輪窯跡出土
- 6世紀前半　高さ93.5cm
- 島根県教育委員会
（八雲立つ風土記の丘展示学習館）

画像提供：島根県古代文化センター

プロフィール

はにわ（親子の鹿）

- 鳥取県米子市・井手挟３号墳出土
- ５世紀後半　高さ 70.8cm/33.9cm
- 米子市教育委員会（上淀白鳳の丘展示館）

父の息子への愛を表現した鹿はにわ

ここに注目！

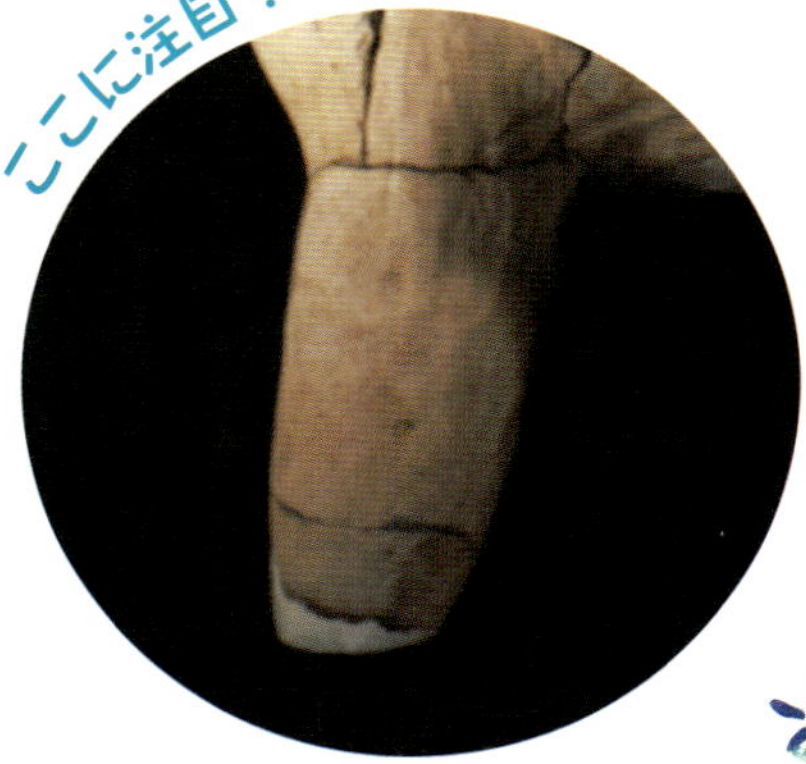

Point
足の形が手塚アニメっぽくてカワイイ

ドラマティック鹿はにわ

目の前でお母さん鹿が人間に狩られてしまい、ショックでなかなか身動きできない息子鹿……

しかし、お父さん鹿は振り返りもせず、黙って進んでいく。「お父さん、待ってよぉ。ぐすん」お父さん鹿に置いていかれないよう、短い足で必死についていく息子鹿。

お父さん鹿は毅然と振る舞い、涙ひとつ見せず、息子鹿をたくましく育てるため、いろいろな厳しい世界を学ばせていくのだった。

……という物語が生まれるような、親子鹿はにわ。

本当に鹿!? なにはともあれ 癒し系No.1はにわ

ここに注目！

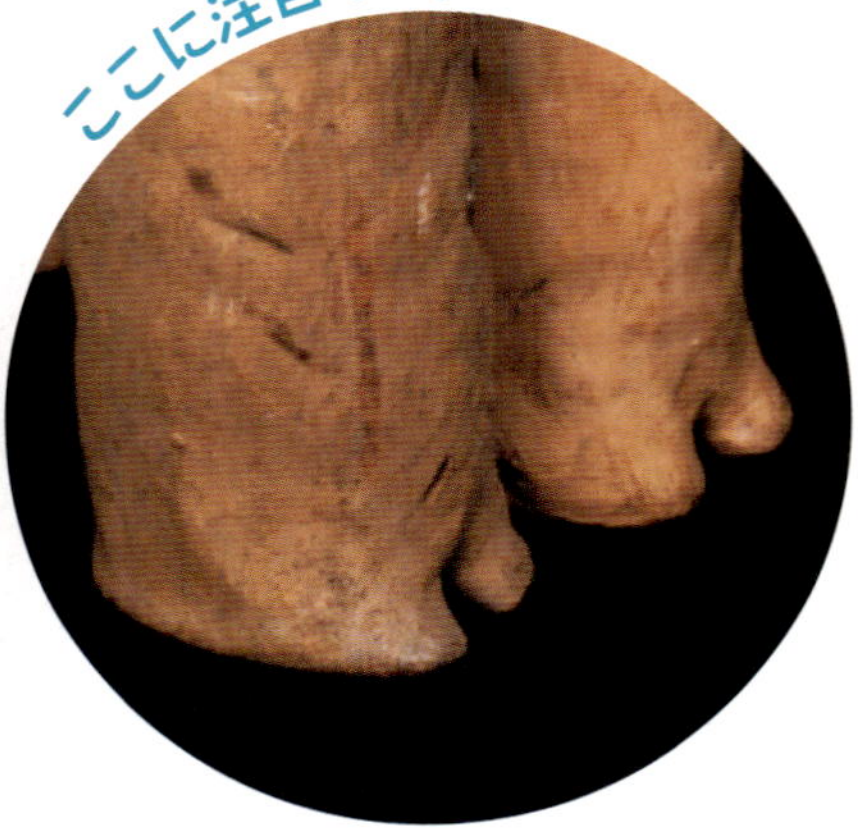

Point
この足の指カワイイ～♡

癒し鹿はにわ

本当にいろんな鹿のはにわがあるなぁと思わせる、この珍鹿はにわ。水玉模様が顔のほうまでビッチリ！　実際にはこんな鹿いないよね～　それに、耳もちょっとデフォルメしすぎでは……

ひょっとしたら、今はもういない生物なのでは、なんてことを思ってしまうよ。

それにしても、このつぶらな瞳をじっと見ていると、ほんわかした気持ちになってくる。癒し系Ｎｏ．１の鹿はにわだね！

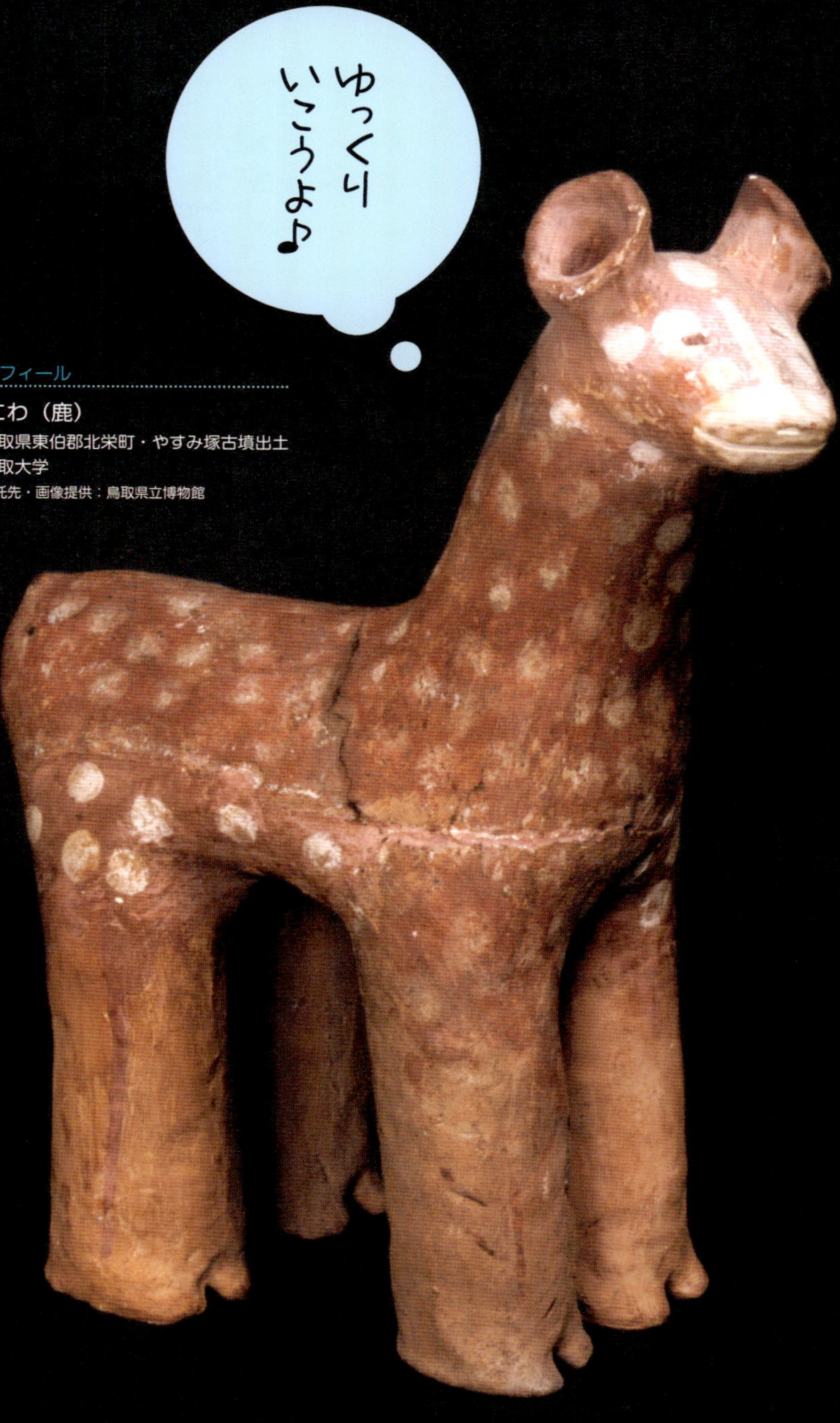

プロフィール

はにわ（鹿）

- 鳥取県東伯郡北栄町・やすみ塚古墳出土
- 鳥取大学

寄託先・画像提供：鳥取県立博物館

はにわ職人の技が光る！セレブ馬はにわ

ここに注目！

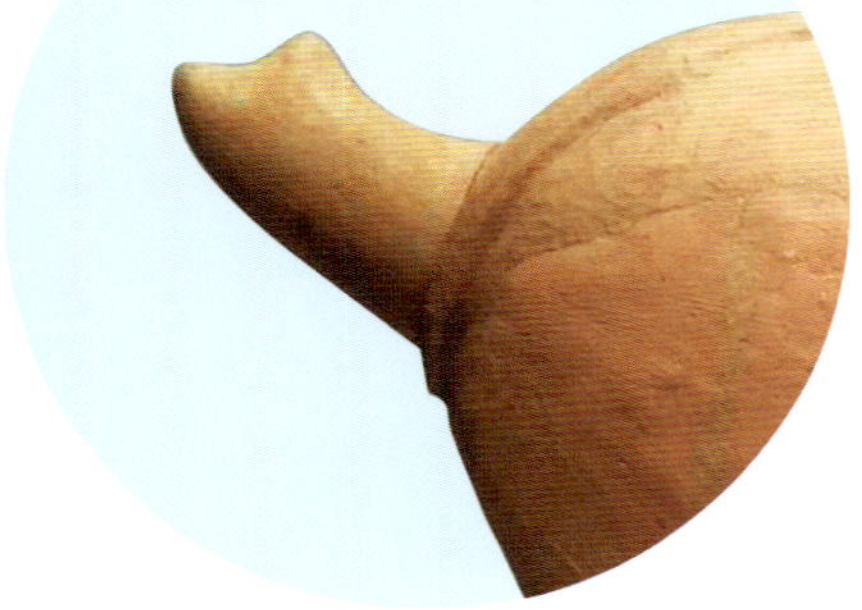

Point

どうしてこんな形のしっぽにしたんだろう……

セレブカーはにわ

馬のはにわはたくさんあるけど、この馬はにわはとっても美しいよねぇ～ たてがみもすごく立派だし、いろんな馬具で飾り立てている。

そして、しっぽの形がなんともキュート！ とにかく細部にわたって丁寧につくられている馬はにわデス。

当時のセレブにとって、馬を持っていることは一種のステータス。いい馬は、いわばベンツのような存在。そんな馬を、はにわとして自分の墓にも置きたいって気持ち、わかるような気もするね。

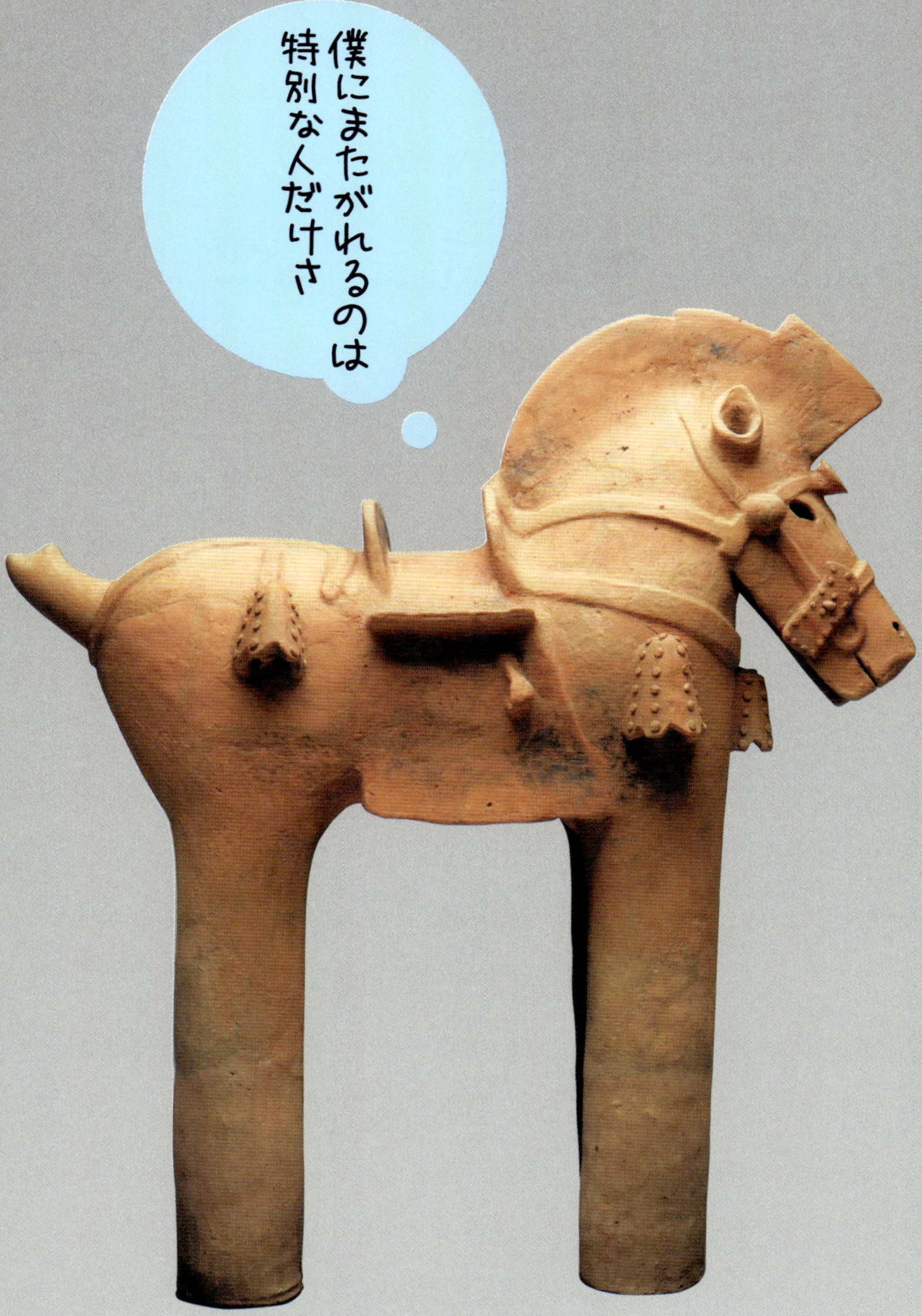

プロフィール

はにわ（馬）

- 栃木県下野市・甲塚古墳出土
- 6世紀後半　高さ105.5cm
- 下野市教育委員会
（下野市立しもつけ風土記の丘資料館）

プロフィール

はにわ（少年が乗る裸馬）

- 群馬県太田市・高林西原古墳群出土
- ６世紀前半　高さ 71cm
- 群馬県立がんセンター

画像提供：太田市教育委員会

手放し運転　気をつけて！　馬が主役の乗馬はにわ

ここに注目！

Point

背中にリュックみたいなものを背負っている

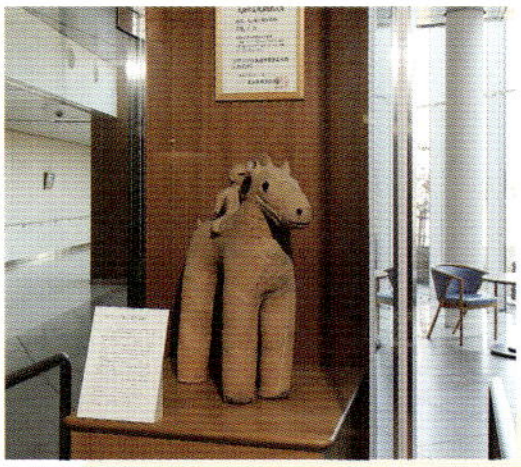

昭和44年、養護学校の体育館の工事中に発掘。その後、同じ場所に病院ができて、現在はその1階ロビーで来院者を見守っている
画像提供：群馬県立がんセンター

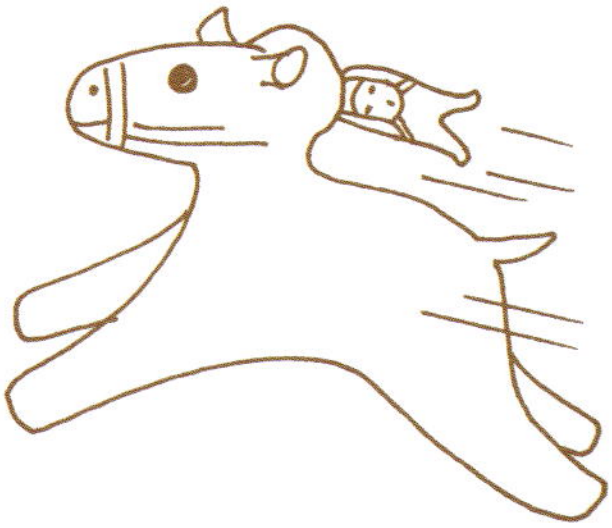

危険な乗馬はにわ

どんだけデカイ馬!?　上に乗っている人と比べると、だいぶ馬がデカイ！　足の長さも半端じゃないよ！

その前に、この人、どうやってこの馬に乗ったの？　手綱も持ってないし……もう、突っ込みどころ満載すぎる～～！

馬をつくったついでに、後から人を乗っけた感バリバリ。

でもよく見て！

乗っている人、背中にリュックみたいなものを背負ってる。意外にも、こんなところは細かい！

ツルッとシンプル！賢そうな子馬はにわ

イオンモール四條畷の入り口前には、人工芝でつくったはにわの模型があるよ！

シンプル子馬はにわ

最初にこのはにわを見たときは「犬か猪のはにわかな？」と思ったのだけど、子馬のはにわなんだって！

この子馬のはにわと同じ市内で、馬具などをつけた大人の馬はにわが見つかっていて、足や耳の形がそっくり。「なるほど、子馬だね」って思ったよ。

表面はツルッと滑らかな、キレイな仕上げ。シンプルで美しく、賢そうな子馬ちゃんデス。

プロフィール

はにわ（子馬）

- 大阪府四條畷市・忍ケ丘駅前遺跡出土
- 6世紀　高さ 27.5cm
- 四条畷市教育委員会
（四條畷市立歴史民俗資料館）

親しみのわくお化け犬はにわ

横から見たところをスケッチしてみたよ。胴体が失われてしまっていて、まるでお化けのよう！

お化け犬はにわ

正面から見るとよくある犬のはにわなのかなぁと思ってしまうのだけども、別角度から見るとビックリ！

胴体を失っていて前足と後ろ足が離れて別々になってる！　まるでお化けみたいな犬はにわ。

胴体の部分がいったいどうなっていたのか、どうしてこの部分だけなくなっちゃってるのか、いろんな疑問が湧いてくる。しかし当の本人はそんなこと微塵も気にしていない表情。

なんだか親しみすらわいてしまうなぁ。

ん？
どうして
ビックリ
してるの？

プロフィール

はにわ（犬）

- 佐賀県唐津市・仁田埴輪窯跡出土
- ５世紀中頃　高さ 25.5cm
- 佐賀県教育委員会

細かい設定のストーリーはにわたち

八幡塚古墳にある埴輪集団区画に、この埴輪たちが復元されているよ

猪狩り物語はにわ

このはにわたちは、狩りの場面を表現しているらしい。狩人が犬を使って猪を追いつめている。この狩人の腕は、今は失われてしまっているけど、きっと弓を持っていたんだろうね。猪の体には矢が刺さっていて、なんと血を流している様子まで再現されている！　細かい！　狩人の腰にも注目してほしい。もう既に一頭、猪を狩っている!?　うり坊にしても、腰につけて狩りをするのは大変だと思うなぁ！

とにかく、ストーリーがバッチリなはにわたちである。

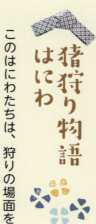

Point

狩人が、既に狩り終わった猪を腰につけている

見逃してくれよぉ～

プロフィール

はにわ（狩人と猪、犬）

- 群馬県高崎市・保渡田Ⅶ遺跡出土
- ５世紀後半　狩人：高さ 54.5cm　犬・高さ 55cm　猪：高さ 49.5cm
- 高崎市教育委員会　画像提供：かみつけの里博物館

アーティスティックな鵜飼いの鵜はにわ

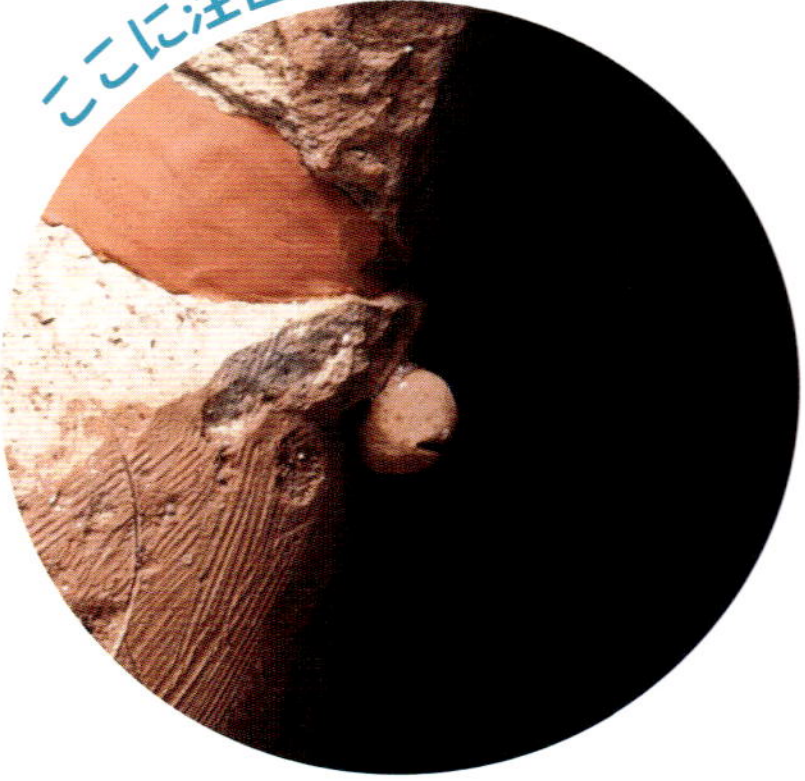

Point
首に鈴がついている。
鵜飼いの鵜

このはにわがある「かみつけの里」のはにわ工房では、八幡塚古墳に置く円筒埴輪づくりがたまに行われているよ

瞬間鵜はにわ

見返りの鹿（78ページ）のように、瞬間の動作を表現しているはにわだね。これは、魚を捕まえた瞬間の鵜を表現しているらしい。生命力溢れてる～！

こういう、瞬間を表現するはにわは、なんだかとてもアーティスティックに見えるよね。首のところに鈴のようなものがついているところをみると、鵜飼いで使われている鵜なのだなぁというのがわかる。こんなふうに、埋葬者の生活の細かいところまではにわでつくるなんて、面白いなぁ。

プロフィール

はにわ（魚を捕えた鵜）

- 群馬県高崎市・保渡田八幡塚古墳出土
- ５世紀後半　高さ 63.6cm
- 高崎市教育委員会

画像提供：かみつけの里博物館

これぞ珍はにわ！日本で唯一のムササビはにわ

ここに注目！

Point
このあどけない表情。
なんともいじらしい……

飛べないムササビはにわ

「こんなはにわがあったのか！」とビックリさせてくれた、日本で唯一のムササビはにわ。つまりは、ムササビは古墳時代にもいたんだねってことだよ！　しかし、いろんな動物がいる中で、なぜこの「ムササビ」!?

……やっぱりこの作者も、誰もつくったことがないはにわをつくろうとしたんじゃないかなぁと思うわけです。

作者は、ムササビが優雅に空を飛んでいる様子を表現したかったのだろうけども、これじゃ、這いつくばっているようにしか見えないなぁ！

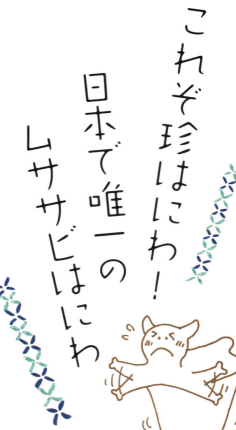

プロフィール

はにわ（ムササビ）

- 千葉県成田市・南羽鳥正福寺１号墳出土
- ６世紀前半〜中頃　高さ 22.8cm
- 成田市教育委員会（下総歴史民俗資料館）

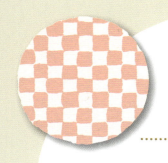

第4章

まだまだはにわ

あんなモノや
こんなモノ、
アイデアつまった
“はにわの見本市”

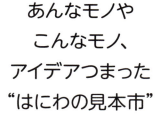

丹後地区オンリーの セクシー円筒埴輪

ここに注目！

Point
こんなふうに、上がすぼまっているのが特徴だよ

円筒埴輪（鳥取県立博物館）
６世紀　高 41.3cm
こっちがよくある形の円筒埴輪だよ。これを見ると、いかに丹後型円筒埴輪が珍はにわかわかるよね〜

男性器はにわ

円筒埴輪って、どれも同じで地味なイメージがあるけど、こんな面白い形のものもあるんだね！

丹後地方でしか見つかっていないことから「丹後型円筒埴輪」という名前で呼ばれているそうです。

まるで男性器のような形でドキっとしちゃう！　長方形に開いた穴も個性的だね！

京都府与謝野町にある「古墳公園」に行けば、古墳の周りを形取るように、このタイプのはにわが並んでいる姿が見られるよ！

プロフィール

はにわ（丹後型円筒埴輪）

- 京都府与謝郡与謝野町・法王寺古墳出土
- ４世紀後半　高さ 79.6cm
- 京都府立丹後郷土資料館

イイ思いさせて
やるぜ〜

ホントに壷!? 個性的なエリンギはにわ

これが噂のハニー。
なんともシュールでかわいいキャラ！

この軸のズレた前方後円墳・生目古墳群５号墳から
このはにわが出たんだよ！　さすが古墳も個性的！

エリンギはにわ

またまた不思議な形のはにわ！

円筒埴輪のようにも見えるけど、「つぼ形埴輪」っていうんだって！

上のほうが広がっていて、壷というよりも、まるでエリンギみたいな形だよね！

この形のはにわも他の地域では見つかってなくって、すごく個性的！

宮崎県宮崎市の生目《いきめ》古墳群には、このはにわがモデルの「ハニー」というキャラクターもいるよ！

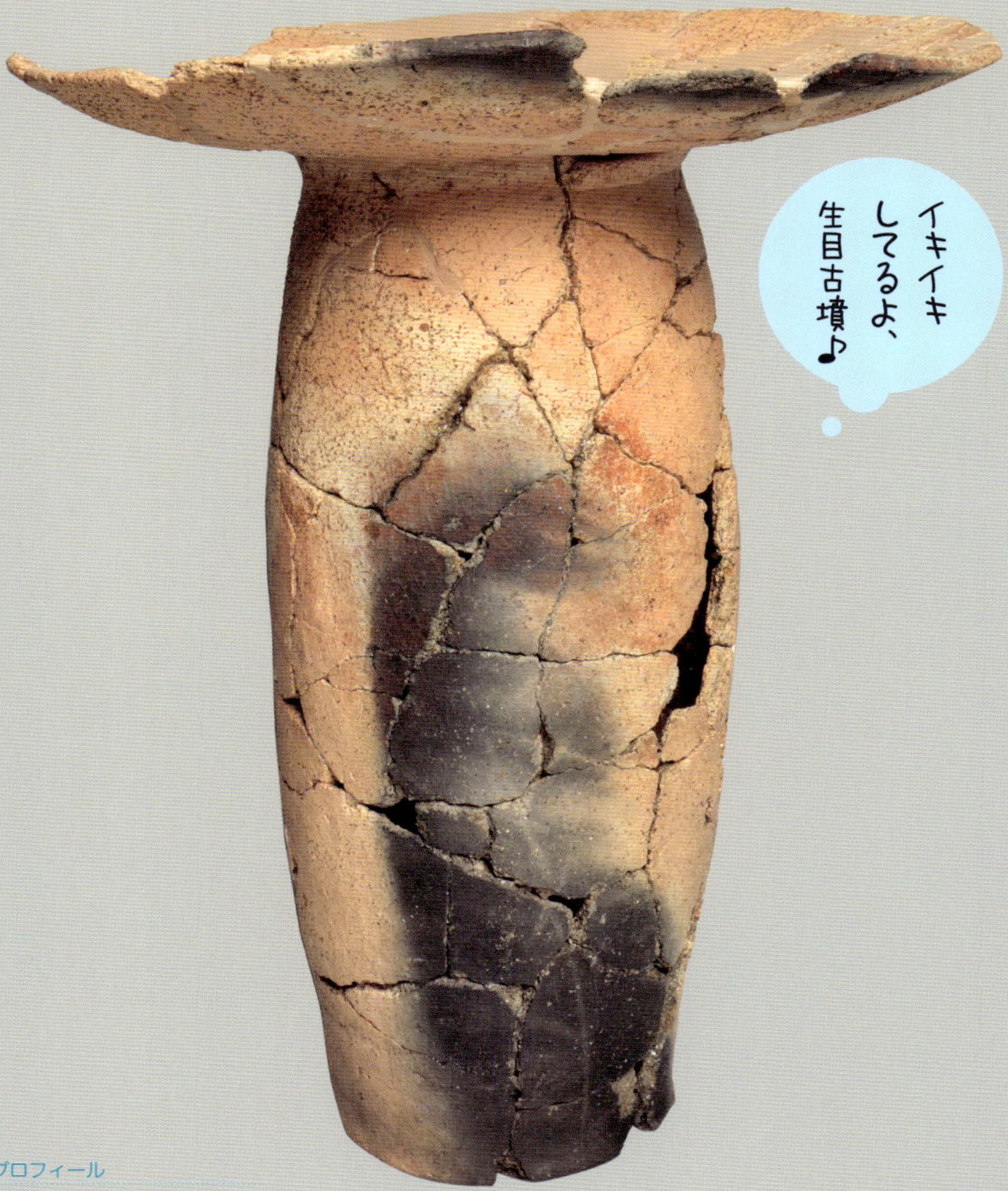

プロフィール

はにわ（つぼ形埴輪）

- 宮崎県宮崎市・生目５号墳出土
- ４世紀末～５世紀初頭　高さ 41.8cm
- 宮崎市教育委員会（生目の杜遊古館）

アイコンにしたい！ No.1にキュートな家形埴輪

ここに注目！

Point
この下のほうのちょっとした丸みが、たまらなくかわいいんだよなぁ！

ラブリー家はにわ

すんごくカワイイ！　ひと目ぼれした家形埴輪。

シンプルだけど秀逸なデザイン！　どことなく柔らかく、丸みのあるフォルムがとっても魅力的デス。こんなお家に住みたいなぁ〜！　実際のお家はどんな感じだったんだろう。

それにしても、このはにわに限らず、やっぱりはにわは生で見るに限るよ！

ぜひ、このはにわに会いに行ってほしいなぁ。意外に大きくて、ビックリすると思うよ。

プロフィール

はにわ（王の家）

- 京都府綾部市・野崎４号墳出土
- ６世紀　高さ 81cm
- 綾部市教育委員会
（綾部市資料館）

魔法使いの家!?
魔訶不思議な家形埴輪

ここに注目！

Point
下のほうに、こんな小さな窓が。中で何が行われているのだろうか……

この今城塚古墳から出土したよ

マジカル家はにわ

こ、これはいったい!?　家形埴輪でも、こんなはにわはコレしか見たことがない!

ギザギザに尖っていて、オシャレな片流れの屋根。窓もすごく小さい。ていうか、これは窓なのか!?

とても閉鎖的な雰囲気というか……こんな家が本当に実在していたのだろうか。

魔法使いが住んでいそうな……それで、この中で呪術的なことが行われていそうな、そんな家。非常にマジカルで、妄想がふくらむ。

ゴゴゴゴォォォ〜

プロフィール

はにわ（片流れの家）

- 大阪府高槻市・今城塚古墳出土
- ６世紀前半　高さ 56cm
- 高槻市教育委員会
（今城塚古代歴史館）

今城塚古墳の埴輪祭祀場（画像提供：高槻市教育委員会）

古代のプラモデル？細かすぎる家形埴輪

ここに注目！

Point

この、門のところだけにギザギザがあるのがオシャレ！

プラモデルはにわ

家の周りに囲いがあるのが、まずビックリ！　しかも、四角にすれば簡単なのに、わざわざ角の部分をつくっていて、さっきのマジカル家はにわ（前ページ）と同じ位置に入り口がついている。なんだか高級感があるなぁ。

さらにビックリなのは、真ん中の家をパカッとはずすと、排水溝などの水回りのシステムが内蔵されていること。

……まるでプラモデルのように、細かく組み立てられているのだ！

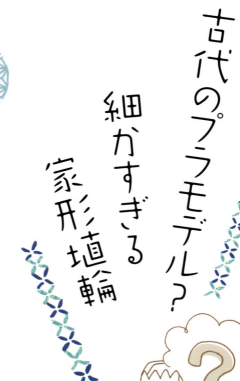

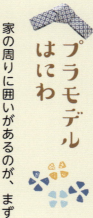

私、ただの家じゃないのよ……

プロフィール

はにわ（導水槽を内蔵した家）

- 三重県松阪市・宝塚１号墳出土
- ５世紀　高さ 33cm、囲みの奥行 63cm
- 松阪市教育委員会
（松坂市文化財センター「はにわ館」）

はにわ職人の自己満足を乗せた船のはにわ

ここに注目！

Point

こんなところでも決して手は抜かない、完璧主義なはにわ職人！

自己満はにわ

船自体にも細かく線刻でデザインされてるし、傘や盾のようなものも載っていて……ここまでやる必要ある⁉ 頑張りすぎでしょ！　求めてないでしょ、ココまではっ！

とにかく細部まで丁寧に、キレイにつくられていて、芸術的。

船を乗せる安定感抜群の台からは「船のところが超うまくできたから、絶対に安定させたい！」っていう、はにわ職人の気持ちが溢れ出ているなぁ。

プロフィール

はにわ（威信財をのせた王者の船）

- 三重県松阪市・宝塚１号墳出土
- ５世紀初頭　高さ 95cm、幅 140cm
- 松阪市教育委員会
  （松阪市文化財センター「はにわ館」）

チューを迫ってくるヘンテコはにわ！

ここに注目！

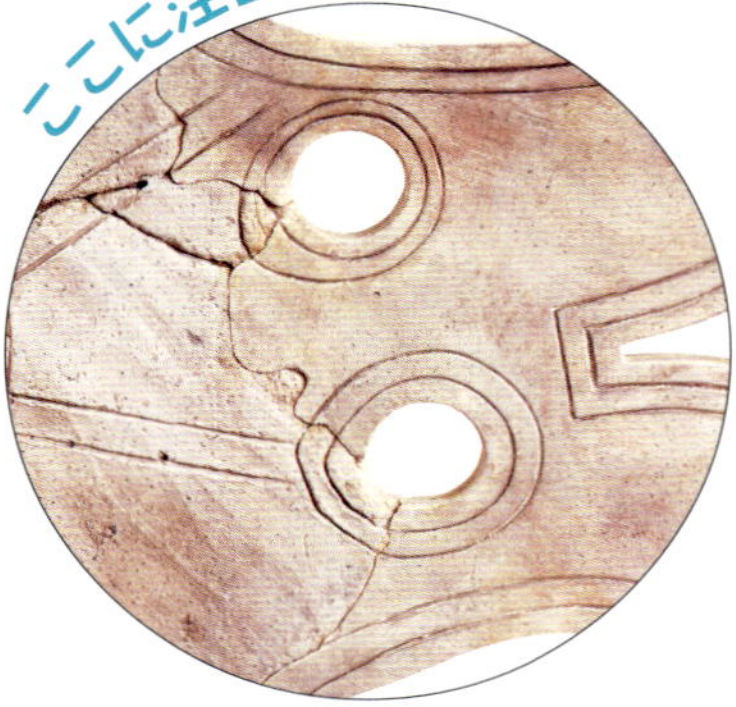

Point

この穴は一体何なのか……

チューはにわ

くちばしがクルッと反りかえってしまうくらい、ものすごい勢いでチューしてきそうなハトの横顔にも見えるし、イカやタコみたいな生き物が横になってるようにも見える。

とにかく、本当に不思議で、ヘンテコなはにわだよなぁ〜！

この文様は「双脚輪状文《そうきゃくりんじょうもん》」と呼ばれていて、装飾古墳（石室や棺に絵が描かれている古墳）にもたまに描かれている。

プロフィール

はにわ（翳《さしば》）

- 奈良県天理市・荒蒔古墳出土
- 6世紀　高さ66cm
- 天理市教育委員会

文様がいっぱい！カッコイイ靫《ゆき》のはにわ

ここに注目！

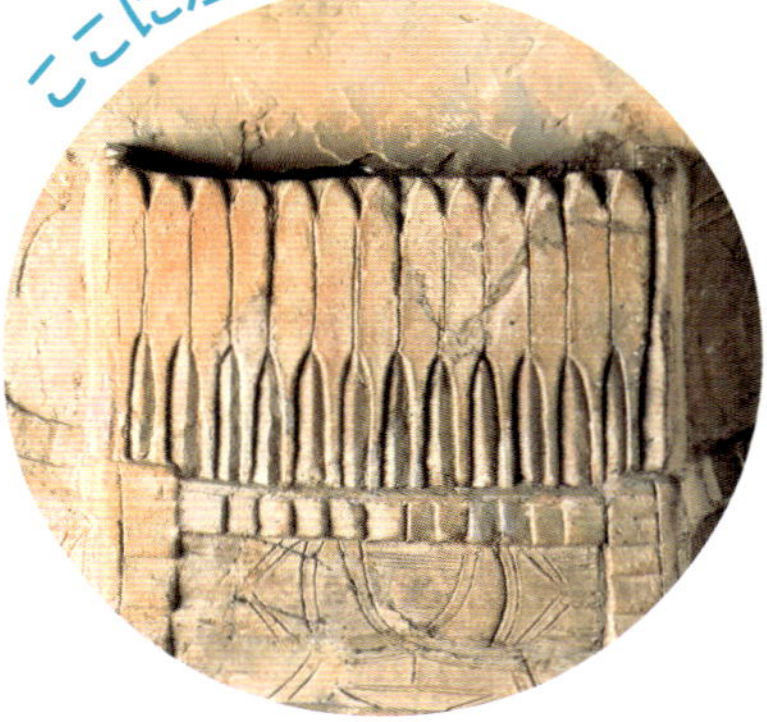

Point
靫に入っている矢も細かく表現されているよ！

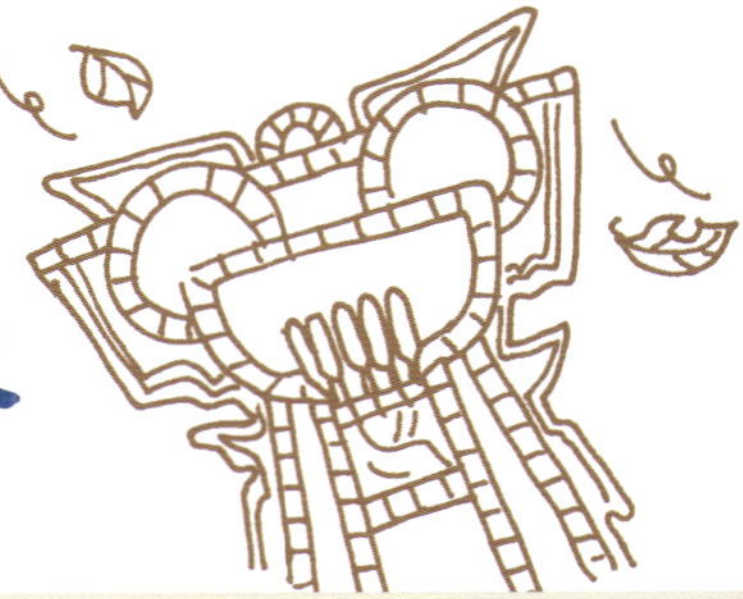

ハンサム靫はにわ

このはにわは矢を入れる道具「靫《ゆき》」をかたどっている。こんなものをなぜはにわにするのか。そこがまずおもしろい。さらには「矢を入れる道具」にここまでの装飾を施すってのもおもしろい。真ん中のあたりには「直弧文《ちょっこもん》」という、装飾古墳の文様の中でもけっこうイカした位置にある文様まで入れてる。実際にこんな靫があってはにわにしたのか、はにわにするからいろいろ文様を入れたのかは謎だけども、そんなことはさておいて、とてもカッコイイデザインだと思うよ！

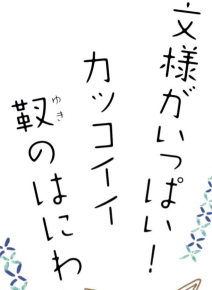

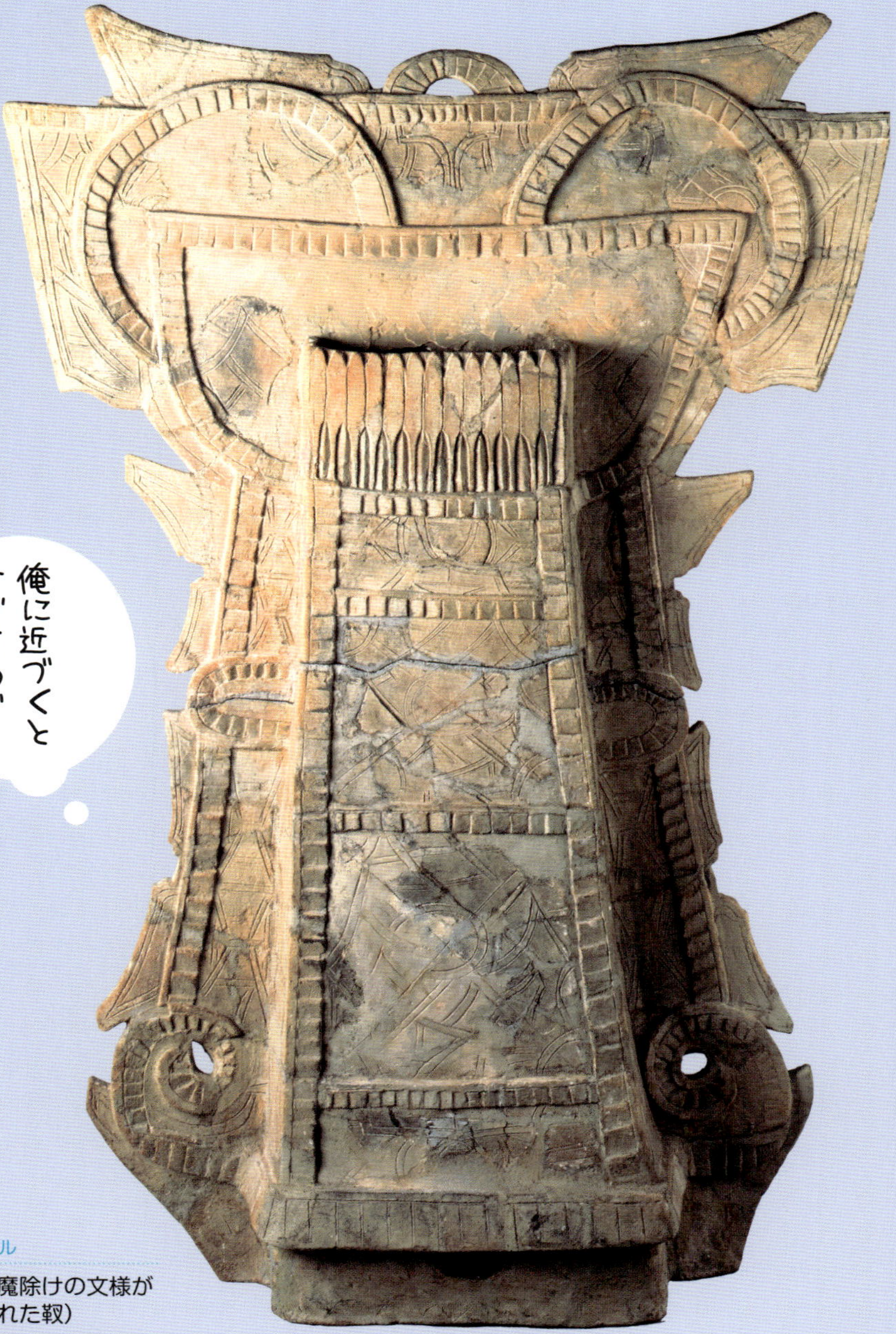

プロフィール

はにわ（魔除けの文様がほどこされた靫）

- 奈良県御所市・宮山古墳出土
- ５世紀　高さ 147cm
- 奈良県立橿原考古学研究所附属博物館

二度見しちゃう！謎に満ちた帽子のはにわ

ここに注目！

Point
いやいや、そんなとこに穴開けたって……

一瞬なにかわからないはにわ

どうしたのぉぉーー！　なんで〜!?

もう、はにわ職人の気持ちも、「このはにわをつくって」と注文した人の気持ちも、まったくわからない！

そんなに帽子が好きだったわけ!?

それに、帽子だけつくればいーじゃん。なんで、帽子のために土台の部分をこんなに大きくしたの？　けっこう大変よ、下の部分つくるの。

帽子だとは一瞬では気づかず、二度見しちゃうはにわだよ。

プロフィール

はにわ（帽子）

- 神奈川県横浜市・瀬戸ヶ谷古墳出土
- 6世紀　高さ109.9cm
- 東京国立博物館
  Image:TNM Image Archives

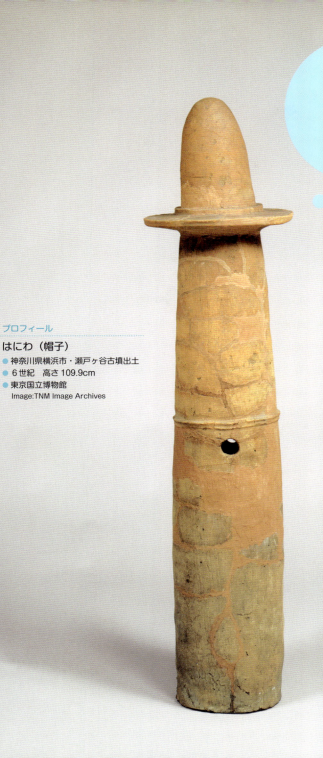

ROCKあふれる石人・石馬

ここに注目！

Point

真ん中で折れてしまっているんだけど、じつは裏側は靫になってるよ！これが154cmと、けっこう大きいの！

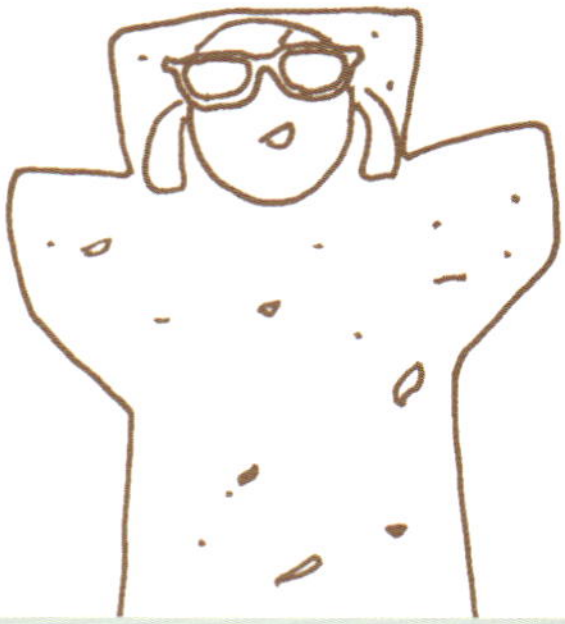

岩戸山古墳には、石人や石馬などがたくさん置かれていた「別区」という場所があるんだよ

ザ・ロック

九州のある地域では、やきもののはにわじゃなくって、こんなふうに石を加工した人形を古墳に並べている。

それがこの土地の人たちのプライドの現れのような気がして、私はすごく好きっ！

自分たちの文化を貫くような、決して大きな権力に屈しないような、そんな当時の古代人たちの気持ちが、この石人や石馬からひしひしと伝わってくる……！

非常にRockでPunkなカッコよさを感じる石人・石馬！

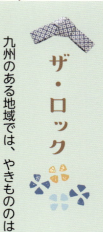

本当のRockを教えてやるぜ

プロフィール

靫を負う石人

- 福岡県八女市・鶴見山古墳出土
- 6世紀中頃　高さ158cm
- 八女市岩戸山歴史文化交流館

プロフィール

石馬

- (伝) 福岡県八女市・岩戸山古墳出土
- 6世紀前半　高さ75cm
- 八女市岩戸山歴史文化交流館

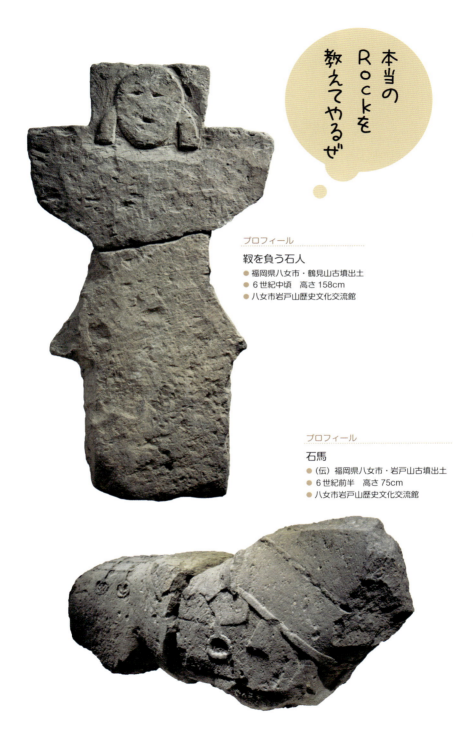

Point
羽根の部分が行儀よく収まっているのがかわいいね

プロフィール

木製立物《たてもの》・鳥
- 奈良県橿原市・四条古墳出土
- ５世紀　幅 40cm
- 奈良県立橿原考古学研究所
撮影：阿南辰秀

こんなふうに木の棒に取り付けられて、古墳の周りに立てられていたという説があるよ

ラッキー木鳥

いまは鳥の一部分だけだけど、この鳥は、長い棒の先のほうに刺さって、はにわと同じように古墳にたくさん立てられていたんだよ。

木でできているので、普通は真っ先に土に還ってしまうのだけど、水の中に沈んでいたり、条件がいいと残るらしい。要は、この鳥は非常に運が良かった木製立物ってわけデス。

他にも靫の形の木製立物なんかもあって、はにわの列の中にこれが立っていたら、さらに古墳に彩りを添えてくれそうだよね！

第5章

もっとはにわを

はにわを語る、
知る、買う。
はにわに会いに行く。

はにわの殿堂を訪ねて

墳活 in 東京国立博物館

“いいはにわ”たちに出会うため、まりこふんさんがやってきたのは、上野の東京国立博物館。ホンモノのはにわたちを前にしながら、考古学がご専門の研究員・河野正訓《かわのまさのり》さんに、あれこれお聞きしてきました。

（構成・編集部。本文中は敬称略）

まりこふん（以下「ま」） 考古展示室です！ 素敵なはにわがいっぱい並んでいます！ 今日はよろしくお願いします。

河野（以下「河」） 研究員の河野《かわの》です。こちらこそ、よろしくお願いします。はにわについて、なんでも聞いてくださいね。

はじめは「円筒《えんとう》埴輪」

河 まず、はにわというのは、3世紀の後半から6世紀にかけてつくられ、古墳を飾った造形物です。はにわといえば、人間の形をしたものをイメージされる方が多いと思いますが、そういった人形《ひとがた》のはにわが登場するのは、じつはずっと遅くて、5世紀の後半以降です。

ま 一番最初に登場したはにわは、円筒埴輪なんですよね？

河 はい。筒状のシンプルな造形をした

円筒埴輪が、一番古いタイプのはにわです。

ま　円筒埴輪は、どのようにして生まれたのでしょうか。やはり、弥生時代からの流れがあるのですか？

河　はい。弥生時代も終わりを迎える頃、岡山県の吉備《きび》地方で、葬送の儀礼で使うための特殊器台《とくしゅきだい》と呼ばれる土器がつくられるようになります。この特殊器台が発展していって、円筒埴輪が生まれたといわれています。

ま　特殊器台と円筒埴輪の違いはなんですか？

河　弥生時代の特殊器台は、シルエットが末広がりの形になっているので、基本的には、ただ置いておくものであったと考えられています。それに対して、古墳時代の円筒埴輪は、下の部分が寸胴《ずんどう》になっています。これは、墳丘に穴を掘って、寸胴になっている下の部分を埋めていたためです。

ま　どうして、そのように変化していったのでしょう？　土に埋めると安定するからですか？

河　もちろん、掘っ立て柱のように下の部分を埋めてあげたほうが、置くだけよりも安定しますよね。でも、どうして安定させなければならなかったのか。それは、はにわをお墓の上や周囲にすき間なく張り巡らせることで、「ここからここまでがお墓」と、区画をよりはっきりとさせようという意図があったからです。

ま　古墳は聖域ですからね。それを、はにわがしっかり守ってくれると。**円筒埴輪って、どうしても地味なものに見られがちだけど、すごく大事で奥が深い**んですね。その地方だけの形があって、地域性を表していたりもして（→100ページ）。

河　そうなんですよ。円筒埴輪のことだけでも、ずっと話していられるくらい、まだまだ考えるべきことが山ほどあるんです。

「家形埴輪」がいちばん好き

ま　私がいちばん好きなはにわって、ここにあるような家形埴輪（→104ページ）なんです。

河　なかなかシブいお好みですね。どんなところに、魅力を感じますか？

ま　他のどんなはにわよりも、ずっとおもちゃっぽくつくってあって、幼い頃に遊んだ**ドールハウスを思い出す**んです。家形埴輪を見ているときだけは、子どもみたいな気分になっちゃう。

河　来館したお客様からも、そのようなご意見をいただくことは多いです。

ま　ミニチュアで小さくて、丸っこくて。かわいらしさのツボを抑えていますもんね！

河　まりこふんさんの大好きな家形埴輪は、円筒埴輪の次に現れたはにわの種類です。古墳時代の最後までつくられ続けた、とても重要なはにわといえます。

家形埴輪を前に大コーフンのまりこふんさん

ま　重要というのは、どのような意味ですか？

河　家は、拠り所となる場所ですよね。家形埴輪が古墳のてっぺんに置かれたのは、亡くなった人の魂に、現世の家と同じような拠り所となる場所を提供するため。だからこそ、現世の家のようすを忠実に再現しようとしたのです。

ま　確かに、「ここまでこだわるの？」っていう家形埴輪、ありますよね。屋根を取ってみたら、室内に水周りの設備があったりだとか（→110ページ）。**「この家で、どんなふうに暮らしていたのかなあ」なんて想像するのが、すごく楽しい**です。

河　木造の家そのものは残っていないのですが、家形埴輪の細かな造形を見れば、**古墳時代の暮らしぶりが一目瞭然**です。

ま　確かにすごく細かいつくりなんですけど、同時に全部が全部、かっちりつくられているわけでもなくって。よく見ると、柱が内側に向かって斜めに立っていたり、角のところが丸くなっていたりしてる。**「こんな家で、ほんとにだいじょうぶ？」**って思っちゃう。

河　おそらく、本当に実物の家がこのようなつくりであったわけではなくて、粘土でその通りに再現しようとすると粘土が崩れてしまうので、工夫を重ねてこのような表現に落ち着いたのではないでしょうか。

ま　はにわ工人たちの工夫が詰まっているのですね。でも、そんな**苦心の跡を感じさせないくらい、丸っこくてかわいらしいはにわ**です。

河　現代的な感覚で捉えれば〝かわいい〟はにわですね。

王のシンボル

河　家形埴輪とほぼ時を同じくして、器財《きざい》埴輪が登場します。器財埴輪は、家形埴輪の周囲に置かれた、さまざまな道具類のはにわです。蓋《きぬがさ》や翳《さしば》（↓ー14ページ）、盾や甲冑といった武具など、バラエティに富んでいます。今、目の前に蓋のはにわがありますが、これは、現在で言う「傘」です。

ま　傘といえば、雨や日差しから人を守ってくれるアイテムですよね。でも、はにわだから、これは実用的ではありません。傘の形をしたはにわには、どんな意味があるのでしょうか？

河　傘のはにわには、**王の権威を象徴**する意味があったと考えられています。大きくて立派な細工のしてある傘をかざすことで、「俺はここにいるぞ！」「こんなにすごいんだぞ！」とアピールしようとしたのです。

ま　目立ちたがりやの王様のシンボル！

河　そういったところですね。もうひとつ紹介したい器財埴輪が、こちらの、帽子の形をしたはにわ（↓ー18ページ）です。

ま　出た！　帽子のはにわ！　ほんとに**「どうしちゃったんだろう？」**って思いますよね。このシュールな立ち姿、大好き！

河　帽子をかたどったはにわは、全国でも出土例の少ないものです。

ま　家形埴輪に対してもそうなんですけど、この帽子のはにわを見ていると、つい、**つくり手側の気持ちに立ってみたくなる**んですよね。このはにわをつくった職人や、「こんなはにわがほしい！」と言って、はにわをつくらせた依頼者の人。その人たちはどうして、こんな形のはにわにしようと思ったのでしょう？

河　このはにわもまた、王の権威を示すシンボルであると考えられています。古墳時代の帽子にはいくつかの種類が知られていますが、このようなつば付きの丸い帽子は、身分の高い王レベルの人物が身に着けたものです。同じような帽子をかぶった高貴な人物のはにわが、各地の古墳から出土しています。

ま　どんなはにわにも、シンボル性だったり、つくられる意図が込められているのですね。

河　そうなんです。たとえば、鶏の形をした動物埴輪にも、ちゃんと意味があります。鶏といえば、毎朝「コケコッコー！」と鳴いて、時間を告げる習性がありますよね。そこから転じて「時間を司る、支配する」王の権力がイメージされたのです。鶏のはにわは比較的早い時期に登場し、全国各地の古墳から出土しています。

ま　ただかわいいからとか、おいしいからというわけではなくて、メッセージ性があったからこそ、鶏の形が選ばれたというわけですね。

「笑うはにわ」はなぜ笑う?

河　円筒埴輪は聖域を画するもので、家形埴輪は魂の拠り所、器財埴輪は王権のシンボルだというお話をしましたが、6世紀に近づくと、少し違った役割を持ったはにわが現れます。皆さんおなじみの、人間の形をしたはにわの登場です。

ま　ようやく、ここまでたどり着きました!

河　はにわといえば、人物埴輪の素朴な表情やしぐさを思い浮かべるという人も多いと思います。

ま　「踊るはにわ」や「笑うはにわ」は、子どもたちからも人気がありますよね。

河　はい。まさにその〝笑う〟というのが、ポイントなのです。

ま　お墓の上に立っているはにわが、なぜ笑っているのか……改めて考えると、不思議です。

河　人間は、楽しいときやうれしいときに笑います。だから、はにわの笑顔は、豊かさや喜びを示すものとして解釈することもできるでしょう。でも、何を考えているかわからないような〝気味の悪い笑顔〟だってあるはずです。考古学の世界では、笑うはにわの意図するものを、主に後者に属するものとして捉えています。すなわち〝辟邪《へきじゃ》〟の役割です。

ま　へきじゃ?

河　辟邪とは、簡単に言うと、**邪悪なものが近づいてこないように魔除けをする**ことです。たとえば、道を歩いていて、ニヤニヤしたおじさんに待ちぶせされていたら、怖くて、来た道を引き返したくなるでしょう? こういった感覚は、古墳時代の人だって同じです。

ま　古墳時代から、人間なんてそうそう変わらないんですね。そういえば、盾持人《たてもちびと》のはにわには独特な表情をしたものが多いですが(→52ページ〜)、彼らも、外側を向いて立てられていますよね。**笑顔の裏には、古墳を守る使命感がある**と。

河　まさしく、その通りです。私たち現代人からすればかわいらしかったり、面白く見える表情にも、そんな背景があるのです。笑うはにわでなくてもそれは同様ですし、そのことがわかれば、はにわの感じ方が変わってくるのではないでしょうか。

ゆるゆる　はにわワールド

ま　それにしても、「これじゃあ魔除けにならないんじゃないの？」っていうくらいに、和やかで楽しげな雰囲気のはにわも多いですよね。古墳時代のはにわ工人たちは**楽しみながらつくっていたのかなあ**って。

河　当時の人びとには、「人に見てもらいたい」という意識が確かにあったのではと、私も思います。

ま　アーティスト性に近い感覚ですね。それに、はにわのユルい造形を見ていると**「もうちょっと上手につくれなかったのかな？」**といつも思ってしまって……。

河　すごくいい視点ですね。はにわの造形のキーワードは「省略化」。お隣・中国の兵馬俑《へいばよう》は、とても入念に細部までつくりこんであって、リアルですよね。でもはにわは、**ある部分を省略したり、適当につくったりといったことを平気でやってしまう**。そういう意味でも、すごくユルい。はにわの目は、土をくりぬいただけで、技法としても、表現としても単純です。

ま　でも、もっとかっちり、技巧的に仕上げることも、やろうと思えばできたんですよね？

河　きっとそうですね。**やりようはあったのに、あえて省略するほうが選ばれた。**

ま　そういうのが流行りだったのでしょうか？

河　流行もあったでしょうし、つくり手の違いによるものでもあるのかなと思っています。毎日、はにわをつくっているベテランの工人ならば、クオリティの高いはにわが安定してつくれます。そういったエース級の工人たちは、はにわの最先端である近畿地方に多くいたことでしょう。でも、近畿から遠く離れた地方にはベテランの工人があまりいませんから、普段、農作業をしているような村人が、はにわ製作にも携わっていました。兼業のはにわ工人で、必ずしもエキスパートではない人がはにわをつくることがある。だから、ときにはちょっと稚拙なはにわも生まれてくるのです。

ま　農作業をしているおじさんに**「ちょっと忙しいから、こっち来て手伝ってくれよ！」**なんて声をかけて……なんだか、私が好きそうな話(笑)。

河 **「おい、お前もやれよ〜」**ってね。のどかな風景ですね。

ま 作業に慣れていない人でも、みんなが同じようなものをつくれるように、造形を単純化したり、マニュアル化したかもしれないですね。

河 そういった効率化も行われていたでしょうね。

はにわの出来・不出来

河 効率化の動きとは相反するようですが、はにわの約束事からあまりにもかけ離れた〝珍品〟のはにわが、地方の古墳から発掘されることもあるんです。たとえば、千葉県からはムササビのはにわ(→96ページ)が発掘されていますし、魚のはにわも目立ちます。もしかすると、その地方にいたはにわ工人が、自由に個性を発揮してしまった産物なのかもしれません。

ま 地方には、洗練されてはいないけど、ちょっとユルくておもしろいものがあったり、都会にはいないような個性派が活躍していたりする。今とそんなに変わらないですね。

河 おっしゃる通りです。教科書通りの優等生とはお世辞にもいえなくても、ずば抜けて個性的だったり、面白いものはたくさんあります。その最たる例が、私も大好きな「鍬を担ぐ男子」(→16ページ)です。なんともいえない愛らしい表情で大人気のこのはにわですが、**技術という点で見れば、決して最高クラスのものではありません**。むしろ、お手本となるはにわの形だけを、意味がわからないまま真似してつくった形跡が随所にあるんです。

ま たとえば?

河 この頭の形を見てください。キューピー人形の頭みたいですよね。

ま チャーリー・ブラウンみたいな表情だから、この子のこと、心の中では勝手に「チャーリー」って呼んでます(笑)。

河 チャーリーですか(笑)。これはこれで、とてもチャーミングなものですが、髪型や頭部の形が最初からこうなっていたわけではなくて、もともとは頭巾や帽子をかぶった状態を写した造形だったのです。それが簡略化されていくうちに、いつのまにか頭そのものの形であるかのようになってしまったのです。

ま かわいい髪型だなあ、なんて思っていましたが……。

河 左肩に注目すると、なにやら長くて小さな鍬が乗っかっていますが、手で持ったり、支えたりしているようすはありません。これは本来、左手で鍬を持ち、肩に掛けている造形なのですが、肝心の柄《え》の部分が左手に届いていないため、このようになりました。

ま　そんな適当な！　でも、すごく面白いし、**このユルさを現代人も見習ったほうがいいのかも（笑）**。

キャラクターとしてのはにわ

河　儀式のシーンには、他にも、犬や猪、鹿などの動物埴輪による狩猟の場面も含まれています。犬は舌を出し、耳をピンと立てている。その先には、困り顔の猪がいる。そんな楽しいジオラマが繰り広げられています。

ま　狩猟は、当時の王様にとってとても大事な儀式だったそうですね。「こんなシチュのはにわをつくってね」なんてリクエストがあって、つくったんだろうなあ。

河　はにわだけ見てもかわいいし、狩猟の情景を説明させてもらうと、お客様からの反応がすごく良いです。特に、動物のはにわは、お子さんからとても人気があります。

ま　人物埴輪よりも、動物埴輪ですか？

河　はい、**どちらかといえば、動物埴輪のほうが人気がありますね**。はにわは、お子さんだけではなくて、老若男女問わず、外国からのお客様からも非常に人気があります。

ま　なぜ、はにわはこんなにも現代人に親しまれるのでしょうか？

河　やはり、同じ人間の形をしているという点が大きいのではと思います。誰にでもひと目でわかる、難しくない形であるし、自分と同じものだということで親しみがわいてくるのではないでしょうか。それは、見慣れた動物の造形にしても同じです。

ま　人間も動物も、古墳時代の人と同じものを見れていますもんね。

河　そうなんです。はにわ工人たちが、かわいくなるようにだとか、親しみがわくように意識してつくったかどうか、はっきりとはいえないですが、**どのようにすれば見栄えがいいか、違和感のないようにできるかといったことは考えていた**でしょうね。

ま　キャラクター造形としての魅力もありますよね。

河　キャラクターという意味では、先ほど触れた「省略」がポイントですね。余計な要素がなくて、整理されている。のんきそうな表情をしていて、体は丸みがある。なんだか妙に手足が短い。

ま　マンガやアニメのキャラクターやゆるキャラに通じるものを感じます。

河　そうですね。ひとつ例を挙げれば、ドラえもんにも似たところがありますよね。ドラえもんの手足が普通の人間と同じような長さだったら、かわいくないですもんね（笑）。

ま　はい（笑）。たぶん、はにわは、そのあたりのバランスがとれているのでしょうね。だから、お墓にかかわるものだからといって、呪術めいた暗さみたいなものを感じることがほとんどなくて、**現代の人でも、かわいいキャラクターとして抵抗なく愛せる**んじゃないかなあ。

前方後円墳とともに消えていく

河　6世紀には、はにわのすべての種類が出揃い、造形としても最も豊かな時代でした。しかし、6世紀の後半になると、はにわは徐々につくられなくなっていきます。

ま　前方後円墳がつくられなくなると同時にはにわも消えていくのですね。

河　その通りです。そういった傾向は近畿地方で最初に見られましたが、関東ではしばらくの間、前方後円墳もはにわもつくられ続けました。ところが、6世紀の終わりから7世紀はじめ、推古天皇の時代には途絶えてしまいます。仏教が伝わって、巨大な古墳の造営やはにわの製作は、巨大な仏教寺院の造営や仏像の造立に取って代わられてしまいました。

ま　古墳ファンとしては、**仏教に負けちゃったのが悔しい**。

河　時代の流れですね。だんだんというよりも、ぷつりと切れるかのように、ある時期を境に終焉を迎えました。

ま　**「はにわを置くなんて遅れてる～」「最近のトレンドは仏教！」**くらいの感じで切り替わってしまったんですね。悲しいなあ～

キャラクターとしてのはにわ

ま　この考古展示室は、昨年の秋（2015年10月14日）にリニューアル・オープンされたんですよね。私も内覧会に呼んでいただきました。今回のリニューアルのポイントは、なんでしょうか？

河　**できるだけ見やすい展示を心がけた**という点です。古墳時代のセクションに限っていえば、真ん中に大きな2つの島を設けており、それぞれ5世紀のはにわ、6世紀のはにわが並べられています。これで、時代ごとの違いを比べてみることができるようになっています。

ま　正面だけじゃなく、**いろんな角度からはにわを観察できる**のが、すごくいいですね。

河　ありがとうございます！　来館者の方から「背中も見てみたい」「別の面はどうなっているの？」などのご意見をいただくことが多かったので、今回のリニューアルでは、はにわを360度、どの角度からでも楽しんでいただけるよう工夫しました。

ま　島の中に、はにわが並べられていますが、この配列や順番にも意味があるのでしょうか？

河　本当は当時の情景をそのまま再現したいところですが、スペースの都合もあり、できる範囲内で工夫をさせていただいています。たとえば、古墳の外周に置かれることの多い円筒埴輪や盾持人のはにわはなるべく島の外周に並べていますし、狩猟の場面では犬が猪を追っているさまがわかるように配置しています。

ま　5世紀の島では、家形埴輪が真ん中に置かれていますね。

河　はい。家は中心的なものでしたから、展示でもしかるべき位置に配置しています。

ま　ホンモノだらけの、こだわりの空間。いつ来ても楽しいなあ。

河　そう言っていただけると、うれしいです。じつは、考古展示室では大幅な展示替えを年2回行っています。かなりの展示品が入れ替わりますから、**いつ来ていただいても新しい発見ができる**のではないかなと思っております。ぜひ、何度でもお越しください。

ま　古墳めぐりも楽しいけど、トーハクも最高！　今日はありがとうございました。

東京国立博物館　考古展示室

住　　所：東京都台東区上野公園13-9　平成館1階
開館時間：9:30～17:00（入館は16:30まで）※1
定 休 日：月曜日（月曜日が祝日・休日の場合は翌平日に休館）※2
アクセス：JR「上野」駅公園口、または「鶯谷」駅南口下車、徒歩10分
料　　金：一般620（520）円、大学生410（310）円 ※3

※1 開館・閉館の時間は、時期や日によって変動があります。
※2 例外的な休館日や臨時の開館日があります。
※3 総合文化展（平常展示）のみの料金。括弧内は20名以上の団体料金。
（特別展は展覧会ごとに料金を設定。特別展のチケットで、考古展示室を含む総合文化展の観覧も可能）

開館時間、休館日、展示の内容などについては、ウェブサイト（http://www.tnm.jp/）かお電話（03-5777-8600＝ハローダイヤル）でご確認ください。

はにわを買おう -1-

東京国立博物館ミュージアムショップ

〝はにわの殿堂〟トーハクのミュージアムショップには、おしゃれなはにわグッズがたくさん。暮らしの役に立つ、連れて帰りたくなるような楽しいグッズの数々をご紹介。

（表示されている価格は、すべて税込価格です）

ペーパークラフト「紙宝」

432円（腰かける巫女、犬、猪）
864円（踊る人々・大、踊る人々・小）
1,080円（挂甲の武人、馬）

紙でつくれるはにわ。そのクオリティたるや、まさしく“紙”の“宝”。ハサミとのりさえあれば、あなたの身近にはにわをお迎えできる。

全部で7種類。前列左から猪、犬、腰かける巫女。後列左から踊る人々・大、踊る人々・小、馬、挂甲の武人。

はにわソックス

（各）432円
青、緑、オレンジ、ピンク、茶、からし色の6種類
素材：ポリエステル、綿製
サイズ：23～25cm

あなたの足が、はにわになる！ SNSなどで話題になり、いま最もホットなはにわグッズといってもよい大ヒット商品「はにわソックス」。好評の声に応えて、子ども用や新色の青とからし色が登場。

はにわトレンドの発信基地で はにわグッズを手に入れる

東京国立博物館の公式キャラクター
「トーハクくん」（本名：東《あずま》博《ひろし》）

はにわいんグラス

5,400円（透明）
9,720円（赤・青）

グラスの持ち手にご注目。「踊るはにわ」の形があしらわれている。手づくりの温かみが感じられる、本格派のひと品。晩酌のお供やおもてなし用に最適。

※手づくりのため、形に若干の個体差があります

東京国立博物館 ミュージアムショップ（本館１階）

●本館１階および東洋館１階のショップは館内にございますので、ご利用には入館料が必要となります。

●正門プラザにもショップがあり、入館をせずに利用いただくことができますが、このコーナーに掲載したグッズを在庫していない場合がございますので、あらかじめご了承ください。

●開館時間・定休日などの詳細は、133ページ左下のインフォメーション欄をご覧ください。

はにわマーキングクリップ

432円（5個セット）

※原寸大

書類をまとめたり、本のしおりにしたりと、さまざまなシーンで大活躍のクリップ。しかも前方後円墳の形になっているのが、はにわファンだけでなく古墳ファンにも嬉しいところ。

はにわを買おう -2-

はにわの西浦

はにわづくりは、古墳時代の専売特許じゃない。
平成の世にもいるはにわ職人の、底知れぬパワーを見に行こう！

はにわがたくさんあって、しかもデカい。そして、よく見ると、本来ははにわじゃないものがはにわになっていたりする。はにわってなんだ？

はにわがたくさん並んでいますが、ここは古墳ではありません

平成のはにわ職人による、見渡すかぎりのはにわ・はにわ・はにわ

「はにわの西浦」では、
家族みんなではにわを製作。
小さなものから
大きなものまで、
さまざまな種類が揃っている。
気になるお値段は、
300円から150万円まで！

どこに行っても必ずいるが、こんなにデカいのはそうそうない！　大人気の「踊るはにわ」

もとになったはにわはあるけれど、つくり手のアレンジが加わっていておもしろい

はにわの西浦

●住所：茨城県桜川市真壁町東山田1414
●営業時間：9:00～17:00
●定休日：なし
●アクセス：JR水戸線「新治」駅から車で18分、同「下館」駅から車で22分、関東鉄道常総線「黒子」駅から車で20分　※国道41号線沿い
●電話：0296-55-0283

この見開きの画像提供：松澤茂信（東京別視点ガイド）

はにわに会いに行こう♪

はにわに出会えるミュージアム

- 本書掲載作品の所蔵先を中心に、全国のはにわを展示する主な施設を一覧にしました。
- 展示や開館の状況は、事前にホームページ・電話などでご確認ください。
- 本リストには、博物館や美術館ではない施設も一部含まれています。他の利用者の迷惑にならないよう、観覧の際には十分ご注意ください。

館名	住所	電話番号	主な展示内容
東北歴史博物館	宮城県多賀城市高崎 1-22-1	022-368-0106	重文の武人はにわを含む「杉山コレクション」など
福島県立博物館	福島県会津若松市城東町 1-25	0242-28-6000	原山１号墳出土のはにわ（「仁王立ちの力士」のみレプリカ展示）
泉崎資料館	福島県西白河郡泉崎村泉崎字館 24-9	0248-53-4777	「仁王立ちの力士」（72 ページ）
ひたちなか市埋蔵文化財調査センター	茨城県ひたちなか市中根 3499	029-276-8311	装飾壁画で有名な虎塚古墳に隣接。「乳飲み児を抱く女性」（62 ページ）
下野市立しもつけ風土記の丘資料館	栃木県下野市国分寺 993	0285-44-5049	甲塚古墳出土のはにわを所蔵。「馬」（84 ページ）
壬生町歴史民俗資料館	栃木県下都賀郡壬生町本丸 1-8-33	0282-82-8544	富士山古墳出土の巨大家形はにわ（重文）
群馬県立歴史博物館	群馬県高崎市綿貫町 992-1	027-346-5522	はにわ王国・群馬県出土のはにわを多数所蔵。2016 年 7 月にリニューアルオープン、「東国古墳文化展示室」を新たに設置
かみつけの里博物館	群馬県高崎市井出町 1514	027-373-8880	保渡田古墳群に隣接。「盾持人」（56 ページ）、「狩人と猪、犬」（92 ページ）、「魚を捕えた鵜」（94 ページ）
相川考古館	群馬県伊勢崎市三光町 6-10	0270-25-0082	「琴弾き男子」（36 ページ）はじめ 4点の重文はにわ
群馬県立がんセンター	群馬県太田市高林西町 617-1	0276-38-0771	敷地内で出土した「少年が乗る裸馬」（86 ページ）が、1階ロビーで常設展示されている

埼玉県立さきたま史跡の博物館	埼玉県行田市埼玉 4834	048-559-1111	さきたま古墳群内に所在。「踊る人物」（44 ページ）
本庄市立歴史民俗資料館	埼玉県本庄市中央 1-2-3	0495-22-3243	「笑う盾持人物」（54 ページ）
クレアこうのす（鴻巣市文化センター）	埼玉県鴻巣市中央 29-1	048-540-0540	生出塚埴輪窯址出土の状態の良いはにわ（重文）が常設展示
行田市郷土博物館	埼玉県行田市本丸 17-23	048-554-5911	酒巻 14 号墳出土のはにわ 95 点（重文）など
国立歴史民俗博物館	千葉県佐倉市城内町 117	043-486-0123	広大な日本史の通史・テーマ展示。考古分野の企画展もよく行われる
下総歴史民俗資料館	千葉県成田市高岡 1500	0476-96-0080	ムササビのはにわ（96 ページ）
芝山町立芝山古墳・はにわ博物館	千葉県山武郡芝山町芝山 438-1	0479-77-1828	芝山古墳群出土のはにわを所蔵・展示。毎年 11 月には「はにわ祭り」が行われる。ホームページも充実
芝山はにわ博物館	千葉県山武郡芝山町芝山 298	0479-77-1828	天台宗のお寺（芝山仁王尊・観音教寺）に併設されている。「はいもとほろう人」（50 ページ）
東京国立博物館	東京都台東区上野公園 13-9	03-5777-8600（ハローダイヤル）	「鍬を担ぐ男子」（16 ページ）、「踊る人々」（42 ページ）、「盾持人」（60 ページ）、「笠を被る男子頭部」（64 ページ）、「帽子」（118 ページ）
北区飛鳥山博物館	東京都北区王子 1-1-3	03-3916-1133	飛鳥山公園内にある。同園内の、今はなき 4 号墳から「帽子をかぶった男子」（68 ページ）が出土
東京大学総合研究博物館	東京都文京区本郷 7-3-1	03-5841-2802	「女子」（18 ページ）、「男子跪坐」（22 ページ）
明治大学博物館	東京都千代田区神田駿河台 1-1 アカデミーコモン地階	03-3296-4448	考古学界に重きをなす明治大学の博物館。「鉄の処女」などの刑事資料でも有名
國學院大學博物館	東京都渋谷区東 4-10-28	03-5466-0359	同じく考古学の名門・國學院の研究室による発掘品を展示
箱根美術館	神奈川県足柄下郡箱根町強羅 1300	0460-82-2623	熱海にある MOA 美術館の姉妹館。日本陶磁を展示。はにわも充実

松阪市 文化財センター 「はにわ館」	三重県松阪市 外五曲町 1	0598-26-7330	宝塚 1 号墳出土の重文「導水槽を内蔵した家」(110 ページ) や「王者の船」(112 ページ) を展示。宝塚 1 号墳へは、車で 12 分
MIHO MUSEUM	滋賀県甲賀市 信楽町田代 300	0748-82-3411	「見返りの犬」など、精選されたはにわを数点所蔵
京都国立博物館	京都府京都市 東山区茶屋町 527	075-525-2473	所蔵・寄託品を展示する「名品ギャラリー」に「笠を被り鍬を担ぐ農夫」(32 ページ) が出陳
京都府立 丹後郷土資料館	京都府宮津市 字国分小字天王山 611-1	0772-27-0230	日本三景・天橋立を一望。与謝野町立古墳公園は車で 22 分。「丹後型円筒埴輪」(100 ページ)
綾部市資料館	京都府綾部市 里町久田 21-20	0773-43-1366	「王の家」(104 ページ) を所蔵。私市円山古墳公園は車で 15 分
奈良県立 橿原考古学研究所 附属博物館	奈良県橿原市 畝傍町 50-2	0744-24-1185	考古専門の博物館。「椅子に座る男子」(24 ページ)、「魔除けの文様がほどこされた靫」(116 ページ)、「木製立物・鳥」(122 ページ)
大和文華館	奈良県奈良市 学園南 1-11-6	0742-45-0544	頻繁に展示替えを行うが、はにわの出番は多くないので要確認。重文「鷹狩男子」(34 ページ)
天理大学附属 天理参考館	奈良県天理市 守目堂町 250	0743-63-8414	多ジャンルにわたる、巨大な博物館。「裸の男性」(48 ページ)
大阪府立 近つ飛鳥博物館	大阪府南河内郡河 南町東山 299	0721-93-8321	一須賀古墳群の中にある、考古専門の博物館。「女子頭部」(26 ページ) のレプリカを展示
堺市博物館	大阪府堺市堺区百 舌鳥夕雲町 2 丁	072-245-6201	百舌鳥古墳群・大仙古墳の目の前にある。はにわを多数展示
高槻市立 今城塚古代歴史館	大阪府高槻市 郡家新町 48-8	072-682-0820	今城塚古墳公園に隣接。「片流れの家」(106 ページ)
四條畷市立 歴史民俗資料館	大阪府四條畷市 塚脇町 3-7	072-878-4558	「子馬」(88 ページ)
和歌山県立 紀伊風土記の丘	和歌山県和歌山市 岩橋 1411	073-471-6123	岩橋千塚古墳群の中にある。両面人物 (70 ページ)
鳥取県立博物館	鳥取県鳥取市 東町 2-124	0857-26-8042	「円筒埴輪」(100 ページ)。「鹿」(82 ページ) の寄託・展示先

上淀白鳳の丘 展示館	鳥取県米子市 淀江町福岡 977-2	0859-56-2271	「親子の鹿」(88 ページ)
八雲立つ風土記の丘 展示学習館	島根県松江市 大庭町 456	0852-23-2485	「見返りの鹿」(78 ページ)
飯塚市歴史資料館	福岡県飯塚市 柏の森 959-1	0948-25-2930	「巫女」(30 ページ)
行橋市歴史資料館	福岡県行橋市 中央 1-9-3 コスメイト行橋 2 階	0930-25-3133	「武人」(66 ページ)
八女市岩戸山 歴史文化交流館	福岡県八女市 吉田 1562-1	0943-24-3200	岩戸山古墳に隣接。「靫を負う石人」「石馬」(120 ページ)
宮崎県立西都原 考古博物館	宮崎県西都市 三宅 5670	0983-41-0041	西都原古墳群の中にある。著名な家形埴輪(重文)は、東京国立博物館に寄託
宮崎市 生目の杜遊古館	宮崎県宮崎市 跡江 4058-1	0985-47-8001	生目古墳群に隣接。「つぼ形埴輪」(102 ページ)
新富町資料館	宮崎県児湯郡 新富町上富田 6345-5 新富町総合交流 センター「きらり」内	0983-32-7878	「裾をまくる女」(46 ページ)
鹿児島大学 総合研究博物館	鹿児島県鹿児島市 郡元 1-21-30	099-285-8141	「盾持人」(52 ページ)

おわりに

私自身、こんなにも、はにわと向き合ったのは初めてでしたが……いやぁ、はにわって、こんなにおもしろいものだったんだなぁ！

ひとつのはにわを眺めているうちに、妄想の世界で、様々なドラマが生まれてきました。

時には、はにわ職人……つまり、はにわのつくり手側の気持ちになってみると、これまたおもしろいですね。

なかにはやっつけ仕事っぽいはにわもあったり、「どうしてここまでやるの？」っていうほどのはにわもあったり。

古墳という、今から約1500年前の豪族のお墓に置かれていたはにわ。

はにわだけでも、これほど個性的なものだらけだとわかると、古墳の他の埋葬品についても気になってきますよね～。銅鏡とか、装身具とか。魅惑的だなぁ！

今回、こうしてはにわに注目してみたことで、古墳に寄せられた人々の想いを、改めて感じられた気がします。

古墳のことがますます好きになったし、もっと古墳のことを知りたくなりました。

この本を読んで気になるはにわがあったら、どの地域のどの古墳から出土したのか、実際に古墳がある場所（あるいは、古墳があった場所）を訪ねて、確かめてもらいたいなぁと、心から思います。

その場所に行くことで、そのはにわがどうしてこの古墳に置かれたのかを、肌で感じてもらいたいからです。

実際にその場所に行ってみたら、また、いろんな疑問が湧いてくるかもしれません。

そうしたら、自由に妄想すればいいと思うんです。

それが古墳の、はにわの面白いところだと私は思います。

しかも、またこうしているうちに新しいはにわがどこかの遺跡で見つかったりしているんですよ。土器土器しますよね～

いつまでも終わりのない探求ができるなんて、最高じゃないですか！

古墳&はにわ Forever!

まりこふん

著者紹介

まりこふん

古墳への愛を歌いあげる古墳シンガー。

これまでに訪れた古墳は2000基以上。古墳を「かわいい！」という視点でひも解き、「堅苦しい古墳のイメージをカジュアルにしたい」「古墳めぐりの楽しさを多くの人に知ってもらいたい」と活動中。

2013年1月、「古墳をゆるく楽しく愛でる」をモットーに「古墳にコーフン協会」を設立、会長を務める。全国各地の博物館、遺跡などでのイベントや、TV・ラジオ番組、雑誌記事などメディアにも多数出演。

◆CD◆
『古墳 de コーフン！』（ウルカ・ミュージックレコード）

◆単著◆
『まりこふんの古墳ブック』（山と渓谷社）
『古墳の歩き方』（扶桑社）
『奈良の古墳』（淡交社）

◆共著◆
『東京古墳散歩』（ヨザワマイ氏との共著、徳間書店）

編集後記

「美術品は、自分の感性の赴くままに自由に楽しめばよい」とする考え方がある。本書のスタンスもこの考えに近いように思われるかもしれないが、理想を言ってしまえば、これは平時より絶えず磨かれ、研ぎ澄まされた感性が前提にあってこそ成り立つものだと思う。それでも、そんなふうにして間口を狭め、お高く止まっているばかりであるならば、出版も、博物館や美術館も、閑散として廃れていく一方だというのもまた事実だ。だからこそ、まりこふんさんのような方に、〝楽しい〇〇の見方〟ではなく〝〇〇ってこんなに楽しいんだ〟ということを伝えてもらいたいと思った。本書が、読者諸兄の新たな観賞体験の契機となれば幸いである。

（編集部）

はにわ

発行日　2016年9月10日　第1刷
定価　本体1600円＋税
著者　まりこふん
発行　株式会社青月社
〒101-0032
東京都千代田区岩本町3-2-1 共同ビル8階
TEL. 03-6679-3496
FAX. 03-5833-8664
印刷・製本　株式会社シナノ

ISBN 978-4-8109-1307-1